Die schönsten Sonntagsspaziergänge für alle Jahreszeiten

Ursula Weber

Die schönsten Sonntagsspaziergänge für alle Jahreszeiten

20 Ausflüge ins südliche Oberbayern

Volk Verlag München

Alle Abbildungen: Ursula Weber

Die Deutsche Bibliothek verzeichnet diese Publikation in der Deutschen Nationalbibliografie; detaillierte bibliografische Daten sind im Internet über https://portal.dnb.de/ abrufbar.

3. aktualisierte Auflage 2026

Neumarkter Straße 23; 81673 München
Tel. 089 / 420 79 69 80; E-Mail: info@volkverlag.de

Druck: F&W Druck- und Mediencenter GmbH, Kienberg

ISBN 978-3-86222-431-9

www. volkverlag. de

Inhalt

Vorwort

Liebe Leserinnen und Leser,

wie oft ist man mit der Jagd nach dem großen Glück beschäftigt – und merkt auf einmal, dass es vielmehr die kleinen Überraschungen am Wegesrand sind, die unserer Seele guttun: das Plätschern des Bergbachs in den Ohren, der Duft der wilden Traubenkirsche in der Nase und der tanzende Schmetterling vor unseren Augen.

Dieses Büchlein steckt voller anregender Spaziergänge, die sinnenreich durch würzig riechende Moore führen, über lichtgeflutete Wiesen und hinein in malerische Dörfer. 20 Streifzüge laden in idyllische Winkel südlich von München ein, gekrönt mit aussichtsreichen Gipfeln, paradiesischen Picknick-Plätzen, lauschigen Bauernhof-Cafés und barocken Kirchen, in denen man eine Kerze für seinen Herzenswunsch oder für einen lieben Menschen entzünden kann.

Entdeckt habe ich die Runden bei den Erkundungstouren für meine „Märchenhaften Wanderbücher", für die sie mit ihren ein bis zwei Stunden ein bisserl zu kurz waren – gerade deshalb sind sie als Sonntagsausflüge ideal! Dieses Buch dient damit als reizvolles Schatzkisterl für begeisterte Spaziergänger.

Kombiniert werden die Wege mit kurzen Geschichten und Gedichten zum Innehalten und Schmunzeln. So pointieren die Gleichnisse, Erzählungen und Parabeln meist auf amüsante Weise unsere kleinen menschlichen Schwächen und Vorlieben. Aus meinem reichen Fundus als Geschichtenerzählerin habe ich die schönsten ausgewählt und jeweils passend verortet.

In diesem Buch ist für jede Gelegenheit und jeden Geschmack etwas dabei: gut beschilderte Touren oder auch findige Entdecker-Runden, Wege für warme Sommerabende oder für schneeflockige Wintertage, befestigte Straßen bei Regen und wurzelige Pfade bei Sonnenschein, überdacht vom schattigen Wald. Zahlreiche Variationsmöglichkeiten schaffen ein reichhaltiges Angebot für alle Konditionsstufen. Abgerundet mit Infos für eine angenehme Anreise, mit spannenden Freizeit-

Verrät uns bei ihren Sonntagsspaziergängen die schönsten Plätze im Oberland: Buchautorin Ursula Weber.

und genussvollen Einkehrtipps werden aus diesen Sonntagsspaziergängen wundervolle Ausflüge für jeden Tag der Woche!

Einen Extra-Tipp bekommen Sie über unsere vier kleinen Jahreszeiten-Symbole ❁❂❃❄. Sie verraten, wann die Touren einen ganz besonderen Reiz haben. Ob im Frühling, wenn unter blühenden Bäumen der erste Löwenzahn knallgelb hervorspitzt, im Sommer, wenn sich ein grünes, schattenspendendes Blätterdach über den Weg breitet, oder im Herbst, wenn die Mischwälder ein Feuerwerk an Farben bieten. Und natürlich sind auch Sonntagsspaziergänge dabei, die vor allem im Winter mit ihrer von Schnee überzuckerten Landschaft ein wahrer Genuss sind.

Ein wichtiger Rat noch in Sachen Einkehr: Durch die aktuelle Situation verändern sich manchmal innerhalb kürzester Zeit die Ruhetage und Öffnungszeiten der Wirtschaften. Bitte fragen Sie deshalb zeitnah nach, ob das entsprechende Gasthaus tatsächlich geöffnet hat.

Auch die Parkplatz-Gebühren schwanken derzeit in manchen Gemeinden erheblich. Bitte haben Sie Verständnis, falls sich im Vergleich zu unseren Recherchen vor Ort etwas geändert hat.

Übrigens begleite ich als Erzählerin auf Anfrage gerne Ausflugs-, Firmen- und Familiengruppen bei ihren Streifzügen durchs Oberland – ob auf einen kleinen Gipfel mit Weitsicht oder bei einer heiteren Schifffahrt. Oder schnuppern Sie bei einer meiner öffentlichen Veranstaltungen in Schliersee oder Bad Tölz hinein. Die aktuellen Termine finden Sie stets unter www.erzaehlzauber.de.

Anregende Spaziergänge für die Seele wünscht Ihnen

Ihre
Ursula Weber

Über die Natur zu lesen ist gut,
aber wenn ein Mensch in den Wäldern spazieren geht
und aufmerksam zuhört,
kann er mehr lernen als das, was in Büchern steht,
denn sie sprechen mit der Stimme Gottes.

George Washington Carver

Übersichtskarte

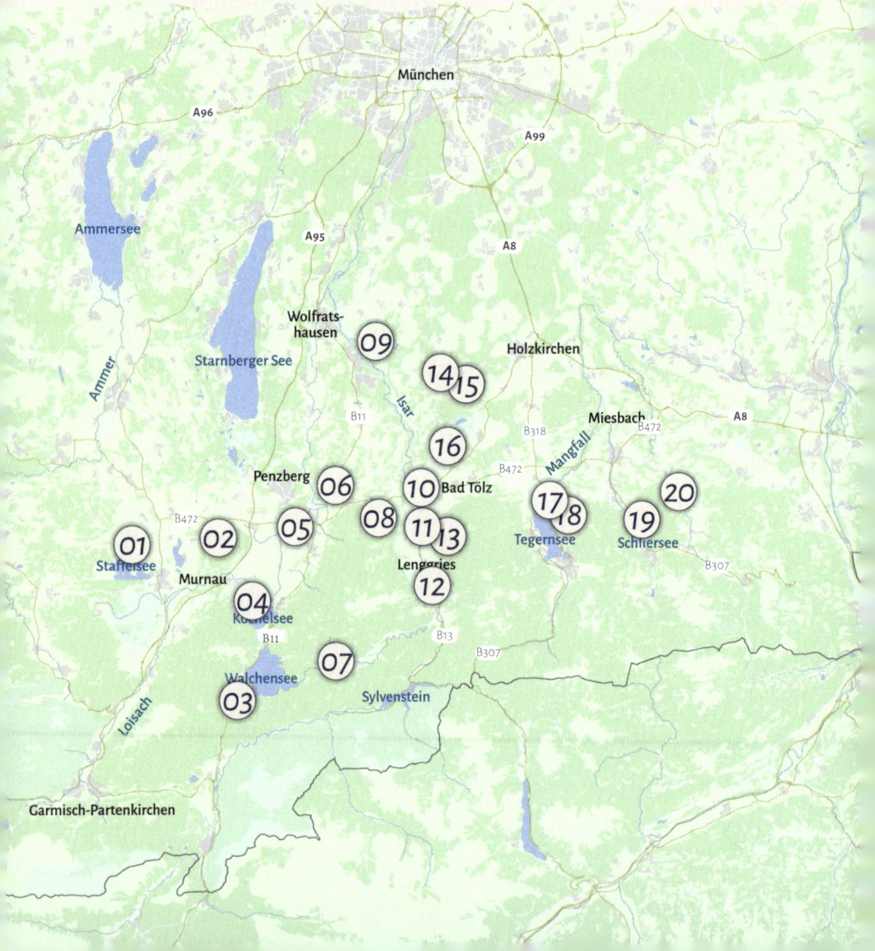

01

Uffinger Staffelsee-Schleife

Zwischen Moor, Schilf und Seewasser

1:25 h Gehzeit – 5,6 km Länge – 7 hm

Eine richtige Glücksgefühl-Runde ist diese kleine Staffelsee-Schleife, die von Uffing aus am Ufer entlangführt. Schilfgesäumte Wege, sanfte Wellen, Ausblicke auf die Berge – was will man mehr? Dazu sorgen reichlich Bade- und Rastmöglichkeiten sowie ein Gasthaus am Parkplatz für einen herrlichen Spaziergang zu allen Jahreszeiten.

Los geht es an einem der ▸ *Parkplätze neben dem Seerestaurant Alpenblick*. An schönen Sommerferientagen wird hier erfahrungsgemäß viel Trubel herrschen. Doch empfiehlt sich diese sehr sonnige Runde ohnehin nicht bei heißen Temperaturen, sondern eher in den Morgen- und Abendstunden oder in der kühleren Jahreshälfte. Die ▸ *Kirchtalstraße* lenkt unsere Schritte zuerst einmal etwa ▸ *300 Meter westwärts*, bevor uns ein weiß-blaues Schild ▸ *nach Süden auf die „Kleine Staffelsee-Schleife"* schickt. Ein schmaler ▸ *Kiesweg* schlängelt sich unbeschwert am Seeufer entlang, mal begleitet von schlanken Birken, mal mit freiem Blick auf den Staffelsee und die kleine Insel Mühlwörth. Am Gemeindebad Uffing biegen wir ▸ *links*

Sonne und ein sagenhafter Blick auf die Berge begleiten uns das Seeufer entlang.

in die Seestraße ein, die uns zum Segelclub Staffelsee und zum Campingplatz Aichalehof bringt.

Südlich davon erwartet uns ein artenreiches, sogar als europäisches Schutzgebiet geltendes Biotop mit vielen Gelegenheiten, die Füße oder auch den ganzen Körper ins Seewasser zu tauchen und den Bergblick auf uns wirken zu lassen. Entsprechend gemütlich geht es von hier ab weiter – wie immer versehen mit dem Hinweis, die Wege und gekennzeichneten Badewiesen nicht zu verlassen, um Pflanzen und Tiere dieses geschützten Naturraums nicht unnötig zu stören oder gar zu schädigen.

Die Seestraße geht schließlich in die ▸ *Eichenhof-Straße* über und führt uns an Hochmooren und Streuwiesen vorbei hinunter zu besagtem Eichenhof, der seinen Namen aufgrund der zahlreichen imposanten Baumriesen trägt, die rechts und links in den Himmel ragen. Bunte Feuchtwiesen säumen nun den ▸ *schmäler werdenden Weg* und sorgen für eine faszinierende Blütenvielfalt, farbenfrohe Schmetterlinge inklusive. Wieder nimmt uns das Blau des Sees in Empfang und lenkt unseren ▸ *Weg nach Westen*. Sehr flach fällt das Wasser hier ab, sodass man fast das ganze Jahr über die Hosen hochkrempeln und ein Kneipp-Bad nehmen kann. Im Sommer und Herbst kann man freilich auch ausgiebiger schwimmen, denn aufgrund seiner Muldenlage hält der Staffelsee seine sommerliche Wärme noch relativ lange.

Vor allem zur kalten Jahreszeit ist die Staffelsee-Schleife ein besonderer Genuss!

Allmählich schwenkt ▶ ***unser Weg nach Norden*** und hält die erste Abzweig-Möglichkeit nach Westen parat. Wer die Tour über das südliche Seeufer nach Murnau erweitern möchte, ist hier richtig und folgt der Beschilderung „Staffelseerundweg“ nach links. Wir spazieren stattdessen in nördlicher Richtung weiter, bis wir eine prachtvolle alte Eiche erreicht haben, unter deren ausladender Krone eine aussichtsreiche Holzbank ihren Platz hat – geradezu ein Muss für alle Panorama-Freunde. Der Ausblick auf die Ammergauer Berge, aufs Wettersteingebirge und aufs Karwendel wird uns sogar bis zum Ende der Runde treu bleiben. Doch gibt es wohl kaum eine schönere Gelegenheit ihn auszukosten als im Schatten des raschelnden Blätterdaches. Vielleicht sogar mit einer kleinen Brotzeit dazu – in jedem Fall aber mit der augenzwinkernden Geschichte „Vom wahren Glück“ **Geschichte S. 17**.

Mit einem kleinen Schlenker in den Ortskern von Uffing lässt sich die Runde hübsch erweitern.

Danach führt unser ▶ ***Weg weiter Richtung Uffing*** und zweigt erst bei den Sportplätzen nach ▶ ***rechts ab***. Hier geht es ins Moor hinein und eine ▶ ***Holzbrücke*** trägt uns wohlbehalten über die kleine Ach, die sehr fotogen durchs Schilf mäandert und ihre Kurven zur Geltung bringt. Hobbyfotografen sollten spätestens für diese Stelle einige Minuten mehr einplanen, denn man kann sich an den vielen schönen Motiven kaum sattsehen. An der ▶ ***Seestraße*** angekommen, geht es gut ▶ ***beschildert kurz nach rechts*** und dann gleich wieder ▶ ***links in den Kiesweg zum Birkenweg*** zurück, der uns schließlich in ▶ ***entgegengesetzter Richtung als beim Hinweg*** zu unserem ▶ ***Startpunkt*** bringt – und zur Qual der Wahl: Baden, Schmausen oder doch mit dem Schifferl fahren? Ganz gleich, unser kleiner Ausflug wird so oder so ein wunderbar glückliches Ende finden.

Im Sommer lockt ein Sprung ins Nass – im Winter die beschauliche Stille.

Uffinger Staffelsee-Schleife

1:25 h Gehzeit – 5,6 km Länge – 7 hm

Ausgangspunkt in 82449 Uffing am Staffelsee:

Parkplatz neben der Kirchtalstraße 30, Seerestaurant Alpenblick

Weg:

Kieswege, Wiesenpfade, Straßen; sonnig, ganzjährig begehbar. Gut beschildert „Kleine Staffelsee-Schleife".

Besonderheiten:

- Malerischer Seeufer-Weg
- Zahlreiche Badeplätze
- Naturschutzgebiet mit Moorflora und -fauna
- Alte Eiche mit Aussicht
- Moorgebiet
- Panoramablick

Einkehr:

- Seerestaurant Alpenblick www.seerestaurant-alpenblick.de
- Gastronomie Uffing

Zuganfahrt:

Mit dem Zug nach Uffing. Vom Bahnhof aus gibt es drei Möglichkeiten zum See zu kommen, am besten mit Karte / Google Maps gehen (ca. 30 min.).

Variationen:

Verkürzen kann man die Runde nur durch Umkehren. Verlängern kann man sie mit einem Schlenker in die Ortsmitte von Uffing oder östlich nach Seehausen bzw. west- und südlich am Seeufer nach Murnau und zurück mit Schiff, Bus oder Bahn.

Tipps:

- Gemeindebad Uffing
- Kirche St. Agatha
- Heimatmuseum Uffing www.uffing.de/kunst-und-kultur
- Staffelseeschifffahrt www.staffelsee.org
- Bootsverleih Seehausen und Murnau
- Marktstraße Murnau mit Geschäften und Gastronomie

Tourist-Info:

Hauptstraße 2
82449 Uffing am Staffelsee
Tel.: 08846-920213
E-Mail: touristinfo@uffing.de
www.uffing.de

Heimatmuseum
Murnauer Straße
Uffing
Murnauer Straße
Kirchtalstraße
Strandbad
Röthenbachstraße
Achstraße
Seestraße
Alpenblick
Sportplatz
Bahlsenbrücke
Seestraße
Mühlwörth
Ach
Gemeindebad
Staffelsee
Alte Eiche
Campingplatz Aichalehof
0 100 200 300 m

Die Bahlsenbrücke schwingt sich – inzwischen in neuem Holzgewand – anmutig über die Ach.

Vom wahren Glück

ab 4 Jahren

Frei nach einer mündlichen Erzählung, gefunden bei Helmut Wittmann

Vor langer, langer Zeit, war es gestern oder heut, da lebte ein armer Bauer, der einfach kein Glück mit seiner Arbeit hatte. Seine Felder brachten nur kärglich Ernte ein, seine Obstbäume trugen kaum Früchte. Und das, obwohl er sich den ganzen Tag abmühte. Genau neben seinen Feldern und Wiesen aber lagen die Grundstücke eines anderen Bauern – und standen stets voller bestem Ertrag!

Irgendwann nahm sich der arme Bauer ein Herz und fragte seinen Nachbarn um Rat: „Sag, was kann ich tun, damit ich auch so viel Erfolg mit meinen Feldern habe wie du?"

„Nun", dachte der andere Landwirt kurz nach, „du musst natürlich fleißig sein und immer die Steine aus den Feldern lesen. Du musst das Unkraut herausholen und die Obstbäume richtig schneiden."

„Jaja", antwortete der arme Bauer, „das mache ich ja schon. Und auch fast immer am gleichen Tag wie du!"

„Hm", schüttelte der Nachbar den Kopf, „dann weiß ich auch keinen Rat."

Als der arme Bauer an diesem Abend ins Bett ging, fand er keinen Schlaf. Wie könnte es ihm nur gelingen, mit seiner Arbeit Erfolg zu haben und glücklich zu sein? Irgendwann nach stundenlangem Grübeln stand er auf und sah aus dem Fenster. Und was erblickte er da? Ein Fremder war auf den Feldern des Nachbarn zugange und arbeitete dort.

Ha, vielleicht war das das Geheimnis! Er zog sich in Windeseile an, lief zu der dunklen Gestalt hinüber und rief: „Halt, wer bist du? Was machst du hier mitten in der Nacht?"

Der Fremde hielt inne, drehte sich zu ihm hin und sagte schließlich: „Ich? Ich bin das Glück des Landwirts, dem diese Felder gehören. Ich arbeite hier. Was meinst denn du, warum hier alles zum Besten steht?"

„Wie", rief der arme Bauer verwirrt, „du bist das Glück? Aber warum kümmerst du dich dann nicht um MEINE Felder? Sieh die hier, gleich daneben, die brauchen deinen Zuspruch!"

Da schüttelte der Fremde den Kopf: „Nein, nein, ich bin ja nicht DEIN Glück. Ich bin ja das Glück deines Nachbarn."

Nun wusste der arme Bauer nicht, was er sagen sollte. Er blickte ratlos auf seine Felder und irgendwann fragte er: „Ja, aber wo ist denn dann MEIN Glück?"

„Das weiß ich nicht genau", gab der Fremde zurück, „aber ich habe dahinten unter deinem Apfelbaum jemanden liegen sehen…"

Da rannte der Bauer hinüber und fand dort tatsächlich jemanden unter dem Baum schlafen. Wutentbrannt gab er ihm einen Spitz, sodass der andere mit einem Aufschrei in die Höhe fuhr. „Was liegst du hier faul herum und arbeitest nicht für mich!", schrie der Bauer erbost. „Du bist doch mein Glück, oder? Dann musst du auch was für mich tun!"

Der Unbekannte rieb sich das schmerzende Hinterteil und sagte dann: „Jaja, das stimmt, ich bin dein Glück. Aber halt ein, ich bin einfach kein Bauersglück."

Jetzt wusste der arme Bauer gar nicht mehr, was er denken, geschweige denn sagen sollte: „Äh, wie…?"

„Naja", sprach der Unbekannte weiter, „ich bin kein Bauersglück. Aber versuch's doch mal mit der Seefahrerei. Da wirst du staunen!"

Wortlos kehrte der Bauer zu seinem Häuschen zurück und lag die ganze Nacht wach. Am nächsten Morgen aber ging er in die Stadt, verkaufte sein ganzes Hab und Gut und erstand dafür ein Segelschiff samt Kapitän, Mannschaft und Ware. Damit fuhr er in die Welt hinaus und trieb Handel.

Und damit war er so erfolgreich, dass er bald reich und berühmt wurde. So berühmt, dass wir heute noch von ihm erzählen. Und das Wichtigste: Er wurde glücklich und zufrieden, so wie er es sich immer gewünscht hatte.

02

Von der Höhlmühle zur Aidlinger Höhe

Das Blaue Land im Bilderbuch-Format

1:35 h Gehzeit – 5,6 km Länge – 118 hm

Einst gehörte das Forsthaus Höhlmühle zu den gastronomischen Geheimtipps im Blauen Land, im Voralpengebiet rund um Murnau. Manch prominenter Gast fand sich in der Traditionswirtschaft ein, um die griabigen Stuben und den schattenreichen Biergarten zu genießen. Doch wenn man das inzwischen runtergekommene Gebäude sieht, mag man kaum glauben, dass sich die Türen des Gasthofs erst zum Jahresbeginn 2020 endgültig geschlossen haben. Leider ist damit für uns eine außergewöhnliche Einkehrmöglichkeit weggefallen. Das hat aber zugleich den Vorteil, dass es auf den umliegenden Wanderwegen ein bisserl ruhiger geworden ist.

Wir starten direkt am ▸ ***Parkplatz des ehemaligen Gasthauses*** und ▸ ***überqueren das genau gegenüberliegende Bruckerl*** über den Lothdorfer Bach. Sofort geht es ▸ ***steil den bewaldeten Berg hinauf.***

Schilder finden wir hier keine und so folgen wir einfach dem Weg, bis wir nach etwa 15 Minuten auf eine ▸ ***winzige Lichtung*** gelangen, auf der sich bei genauerem Hinsehen vier Pfade und

Weit bis zur Zugspitze hinüber reicht der Blick.

Wege treffen. Wir nehmen den ▶ *Wurzelpfad geradeaus weiter*, der uns ins dichte Geäst des Waldes und hinauf auf den Hügelrücken bringt. Bald überschreiten wir den bewaldeten Baumberg, von dem aus sich durchs dichte Laub der Nordseite immer wieder Blicke hinüber zum Starnberger See ergeben.

Allmählich verbreitert sich der ▶ *Pfad zu einem angenehmen Waldweg*, der sich locker unter den lichten Buchen hindurch ▶ *weiter westwärts* schwingt. Nun eröffnen sich links von uns schon die ersten Aussichten hinüber in die Berge, und wenn wir schließlich ▶ *nach etwa 40 Minuten den Wald verlassen* und die Hohe Lüß (ungekennzeichneter Aussichtspunkt) erreichen, breitet sich vor uns ein wunderschöner Blick über die hügelige Landschaft rund um den Riegsee und über das Gebirge dahinter aus. Rechts von uns sind nun einige Schilder zu finden, die wir jedoch unberücksichtigt lassen, weil wir unser eigentliches Ziel von hier aus immer noch unbeschildert erreichen.

Unscheinbar und unbeschildert führt uns dieses Bruckerl an der Höhlmühle in den Wald hinein.

Sobald der ▶ *Forstweg in einen gut ausgebauten Wirtschaftsweg übergeht*, halten wir kurz inne und ▶ *orientieren uns zur rechten Seite* hin: Zuerst steht auf der Weide ein kleiner Holzstadel, dann ein halbhoher Findling. Hinter dem Findling verläuft ein ▶ *Wiesenpfad noch einmal leicht bergan* und diesem folgen wir. Erst über eine kleine

Kuppe, dann quer über eine Wiese, hinter der es ▸ ***leicht nördlich versetzt auf einem Trampelpfad*** weitergeht. Ein Bilderbuch-Motiv nach dem anderen kommt zwischen den großen Bäumen zum Vorschein, bis wir schließlich die ▸ ***Aidlinger Höhe*** erreichen, ein Wegkreuz samt Holzbankerl zum Rasten.

Mal geht es im Schatten der Bäume, mal in sonniger Weite dahin.

Malerisch liegen grüne Hügel, Dörfer mit ihren Kirchturmspitzen, der Riegsee, Murnau und dahinter Karwendel und Wettersteingebirge vor uns. Ein Glückspilz ist, wer nun einen Platz auf der Bank ergattert und eine Brotzeit im Gepäck hat. Fröhlich lässt es sich hier verweilen und über die heitere Geschichte von Nasreddin Hodscha und dem Nichts schmunzeln. Als orientalischer „Till Eulenspiegel" weiß man nie so recht, ob er jetzt der Klügste der Klugen ist – oder doch der Dümmste der Dummen. Vielleicht liegt beides ja manchmal auch näher beieinander, als man denkt **Geschichte S. 25**.

Der ▸ ***Rückweg verläuft erst einmal auf der gleichen Strecke bis zum Findling zurück***. Nun wandern wir kurz auf dem ▸ ***Wirtschaftsweg nach Südwesten*** und biegen dann ▸ ***links auf den Forstweg ab***, der relativ eben ▸ ***nach Osten*** verläuft. Das schönste Panorama begleitet uns hier rund zehn Minu-

Mächtige alte Bäume ragen in den grünen Weiden auf.

Von der Höhlmühle zur Aidlinger Höhe

1:35 h Gehzeit – 5,6 km Länge – 118 hm

Ausgangspunkt in 82418 Riegsee:

Wanderparkplatz am ehemaligen Gasthof Forsthaus Höhlmühle, Höhlmühlstraße

Weg:

Wurzelpfad, Wiesen-, Wald- und Forstweg; teils sonnig, teils schattig, bei Regen und Schnee nicht empfehlenswert.
Kaum beschildert.

Besonderheiten:

- Wurzelpfad
- Bunter Laubwald
- Prächtige Panoramasicht
- Aussichtspunkte

Einkehr:

- Gasthof Post
  www.gasthof-post-aidling.de
- Eichbichl-Stüberl Habach
  www.eichbichlstueberl.geo.io
- Café in Lisa's Hofladen
  Rieden 4, 82387 Antdorf
  Tel.: 08856-3722
- Bergwirtschaft Guglhör
  www.dasblaueland.de/gastro/bergwirtschaft-guglhoer
- Gastronomie Riegsee, Murnau und Habach

Zuganfahrt:

Zug bis Murnau, Bus 9620 nach „Aidling, Riegsee“, Start von hier aus zur Aidlinger Höhe und weiter

Variationen:

Verkürzen lässt sich die Runde, indem man die Aidlinger Höhe weglässt oder durch Umdrehen. Verlängern kann man die Tour hinüber nach Aidling und weiter bis an und um den Riegsee.

Tipps:

- Bademöglichkeiten am Riegsee und Froschhauser See
- Zahlreiche umliegende Kirchen und Kapellen
- Habacher Dorfladen
  www.habacher-dorfladen.de
- Bio-Bauernhof Wolf Rieden
  www.bio-christbäume-wolf.de
- Marktstraße von Murnau mit Geschäften, Gastronomie und Museen

Tourist-Info:

Dorfstraße 35
82418 Riegsee
Tel.: 08841-3985
E-Mail: verwaltung@gemeinde-riegsee.de
www.riegsee.de

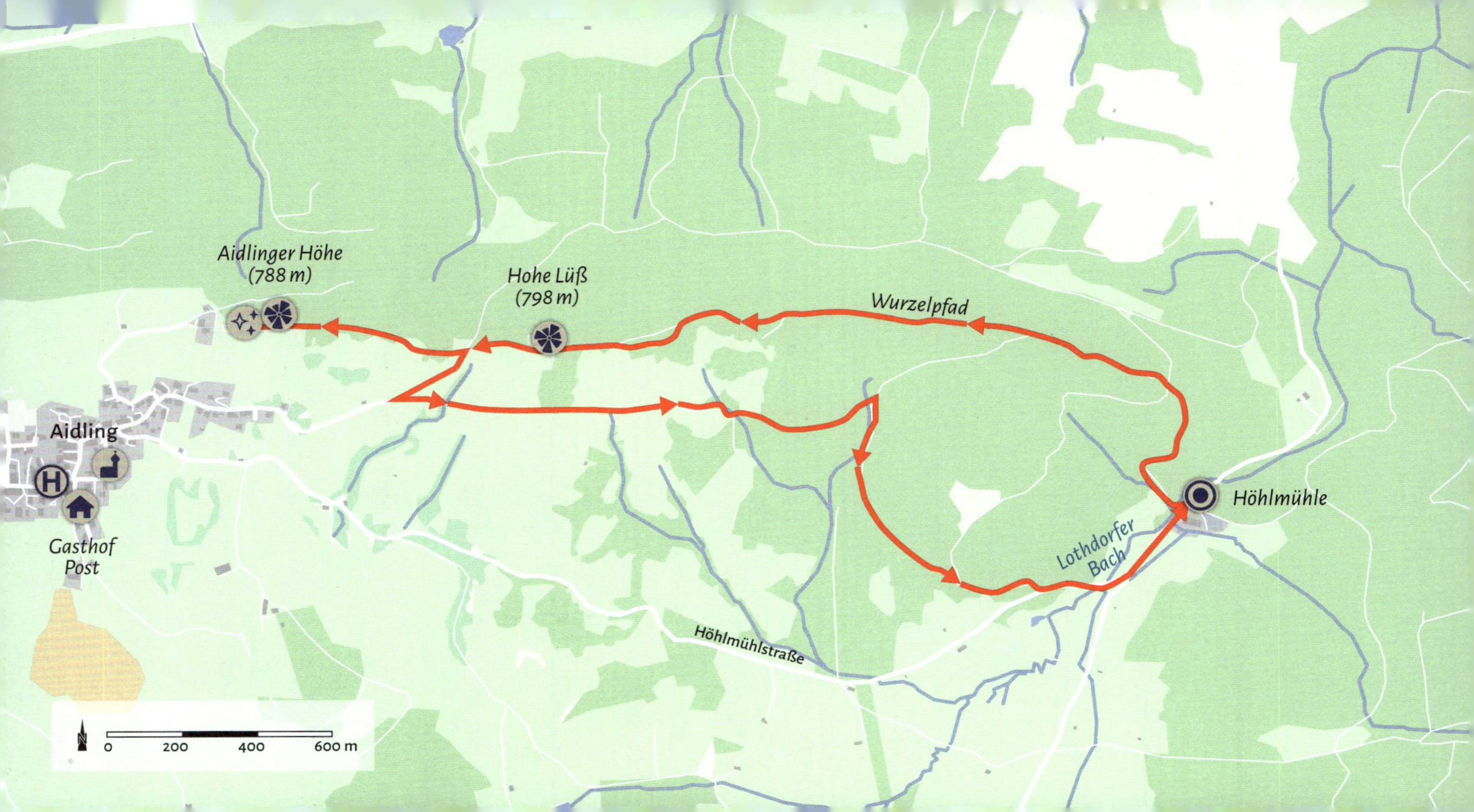

Aidlinger Höhe
(788 m)
Hohe Lüß
(798 m)
Wurzelpfad
Höhlmühle
Lothdorfer
Bach
Höhlmühlstraße
Aidling
Gasthof
Post
0
200
400
600 m

ten. Den rechts abzweigenden Weg lassen wir unbeachtet und gehen in den Wald hinein, bis von rechts ein Wirtschaftsweg dazustößt und sich dadurch eine ▸ ***kleine Kreuzungsinsel*** ergibt. Hier biegen wir ▸ ***rechts ab*** und folgen dem Schild ▸ ***„Höhlmühle Rundweg"*** in die entgegengesetzte Richtung. Wiederum etwa 15 Minuten später haben wir die ▸ ***Höhlmühlstraße*** erreicht und ziehen ▸ ***nach links weiter***. Bald lichtet sich der Wald und ein weiter Blick übers Moor nimmt uns in Empfang. Der Lothdorfer Bach begrüßt uns wieder, fröhlich über einige Steinstufen springend und umrahmt von den Skulpturen eines unermüdlichen Bibers, der nicht weit von hier seine Burg ins Moor gebaut hat. An der ▸ ***nächsten Kreuzung*** halten wir uns ▸ ***wiederum links*** und sehen auch schon unser Auto am ▸ ***Parkplatz*** vor dem ehemaligen Forsthaus Höhlmühle auf uns warten.

Der Biber bekommt Besuch: Auch Tashi liebt das Bad im Bach.

Nasreddin Hodscha und das Nichts

ab 6 Jahren

Frei nach einer Geschichte von Helmut Wittmanns CD „G'scheid – Dumm"

Ein Holzbauer war eines Morgens bei seiner schweren Arbeit im Wald zugange. Da kam ein Tagelöhner des Wegs und fragte ihn, ob er ihm dabei helfen könne.

„Ja, sehr gern!", antwortete der Holzerer und fügte an, „was willst du denn dafür haben?"

„Nichts", entgegnete der Arbeiter.

„Nichts?", stutzte da der Holzbauer. „Wirklich nichts?"

„Nun", sagte der Tagelöhner, „ich bin wirklich zufrieden, wenn du mir nichts gibst."

Da streckte der Holzarbeiter die Hand aus, die beiden schlugen ein und so ging es zu zweit nun deutlich schneller ans Werk.

Am Ende des Tages bedankte sich der Holzerer recht freundlich beim Tagelöhner und schüttelte ihm die Hand. Doch dieser hielt sie fest und sprach: „So, nun gib mir, was du mir versprochen hast!"

„Wie", fragte der Holzarbeiter verblüfft, „wir hatten doch vereinbart, dass du nichts möchtest?"

„Ja, genau! Drum will ich auch mein Nichts!", nickte der Tagelöhner und hielt seine Hand auf.

„Nichts? Wie soll ich dir denn ein Nichts geben?"

„Tja, das ist nicht mein Problem. Aber du hast es versprochen!", beharrte der Helfer.

So ging es eine Weile hin und her, bis die zwei schließlich zu Nasreddin Hodscha liefen und die Sache vor ihn brachten. Er hörte sich beide Seiten an und dachte kurz nach …

Dann sagte er zum Holzbauern: „Und du hast ihm wirklich versprochen, dass du ihm ‚Nichts' gibst?" Der Holzerer nickte verlegen.

„Ja, dann musst du dein Versprechen einhalten!"

„Aber wie soll ich das tun?", schüttelte der Holzbauer ratlos den Kopf.

Nasreddin Hodscha dachte noch einmal kurz nach und wandte sich schließlich an den Tagelöhner: „Du möchtest also ‚Nichts' bekommen?" Dieser nickte ernsthaft.

„Gut“, sprach Nasreddin Hodscha weiter, „dann geh hinüber zu dem Teppich, der da am Boden liegt! ... Gut, jetzt heb ihn auf. ... Ja, heb ihn nur auf!“

Der Tagelöhner hob den Teppich an einer Ecke an. „Und was siehst du da?“, fragte ihn Hodscha.

„Ähm, nichts?“, antwortete der Tagelöhner.

Nasreddin Hodscha lächelte: „Siehst du, dann nimm’s und verschwinde!“

03

Zwergern am Walchensee

Karibikblaues Wasser und tannengrüner Wald

1:35 h Gehzeit – 6 km Länge – 74 hm

Er ist einer der faszinierendsten Seen im Münchner Süden, der Walchensee. Seine Farbe kann an manchen Tagen dem karibischen Türkisgrün buchstäblich das Wasser reichen. Kalkkristalle und Algen sind für diese besondere Sonnenlichtreflektion verantwortlich, die einen Spaziergang am Walchensee stets zu einem außergewöhnlichen Erlebnis macht. Unsere Runde führt auf die Halbinsel Zwergern. Dabei geht es im ersten Teil sonnen- und aussichtsreich am See entlang, im zweiten Teil über den bewaldeten Buckel des Katzenkopfs zurück.

Berühmt ist der eisigkalte Bergsee seit vielen Jahrhunderten für sein „Walchensee-Ungeheuer". Glaubte man doch in früheren Zeiten, auf dem Grund des fast 200 Meter tiefen Sees schlummere ein riesiger Waller, der nur darauf warte, sündige Menschen zu verschlingen. Inzwischen wähnen manche, dass mittlerweile die Parkautomaten am Seeufer an seine Stelle getreten sind und Opfer in Form von Gebühren verlangen. Und Park-Freigeister seien vorgewarnt: Im gesamten Ufergebiet gilt ein Parkverbot außerhalb

Im Winter bezaubert der Walchensee mit mystisch-dunkelgrünem Charme.

der ausgewiesenen Flächen, das auch fleißig kontrolliert wird! Hintergrund dieser Maßnahmen ist die massive Überbeanspruchung des Ausflugsgebiets an schönen Sommertagen, an denen nicht einmal mehr Rettungswege befahrbar waren. Deshalb auch mein Tipp: Besuchen Sie den Walchensee in der kalten Jahreszeit und zwar am besten unter der Woche. Die Farbe des Sees schillert fast genauso intensiv wie im Sommer – und Sie gehen Bade- und Surfwütigen genauso aus dem Weg wie der immer weiter wachsenden Zahl an Radlern, die in Windeseile das Gewässer umrunden wollen.

Als Startpunkt unserer Runde bieten sich die ▸ ***Parkplätze rund um Einsiedl*** an; das dortige Gasthaus und Hotel ist leider seit einigen Jahren geschlossen. Von hier aus geht es auf der gleichnamigen Straße direkt am ▸ ***Seeufer entlang nach Norden***. Verführerisch blinzelt der Walchensee uns zu – natürlich ohne zu verraten, dass er im Winter beständig 1 Grad Celsius zu bieten hat und im Sommer die 18 Grad Celsius nur mühsam erreicht. Seine Farbschattierungen aber sind grandios und reichen von Goldgelb über Türkisgrün bis Ultramarinblau.

Man kommt aus dem Staunen nicht heraus und ist nach gut einem Kilometer viel zu schnell am ersten Bauernhof der Halbinsel Zwergern angelangt. Früher gab es hier die Möglichkeit, rechts zum Seeufer abzuzweigen und weiter dort entlangzuwandern, in den letzten Jahren war dieser Teil des Landschaftsschutzgebiets Walchensee jedoch so frequentiert – nicht zuletzt von Kitesurfern –, dass es nun zu dessen Schutz ein Betretungsverbot gibt, das natürlich respektiert werden muss. Für uns als Spaziergänger gibt es jedoch ohnehin ein ganz anderes, wundervolles Wegstück zu entdecken, das man sich nicht entgehen lassen sollte.

Zuerst einmal spazieren wir ▶ ***auf der Straße weiter*** stracks Richtung Nordosten, bis wir die ▶ ***schmucken Häuser von Zwergern*** erreichen. Der Ort und die Halbinsel haben übrigens ihren Namen den ersten Bewohnern, den Zwergern, zu verdanken. Das Kloster Schlehdorf hatte diese im 12. Jahrhundert mit der Besiedelung und damit mit der Rodung beauftragt.

Da geht jedem das Herz auf: der Walchensee inmitten der Berge!

Unser nächstes Ziel ist die Kapelle St. Margareth, die 1344 erbaut wurde und seither umfassende Veränderungen erfahren hat. Im 18. Jahrhundert wurde der Zwiebelturm errichtet, die Holzdecke abgenommen und das freiwerdende Material für Kirchenbänke verwendet. Während der Säkularisation war es nur dem Engagement der drei Zwergerner Bauern zu verdanken, dass das kleine Gotteshaus erhalten blieb und sich heute in der Obhut des Freistaats Bayern und der Pfarrei Walchensee befindet.

Um zu der barockisierten Kapelle zu gelangen, biegen wir ▶ ***vor dem ersten Gehöft rechts*** auf einen Wiesenweg ein, der in weitem Bogen zu ihr hinüberführt. Leider ist meist nur der Vorraum begehbar, der aber zwei kleine Besonderheiten birgt. So erzählen zum einen einige Votivtafeln von tragischen Schicksalen im Umfeld der Halbinsel, darunter ein „Christliches Andenken" an eine 1874 verstorbene Margaretha Zwergern, deren Name uns an die Kirchenpatronin Margareta von Antiochia erinnert. Verschiedene Legenden

Malerisch liegt die Halbinsel Zwergern an der Südwestseite des Sees.

Den Zwergerner Bauern ist zu verdanken, dass es die abgelegene Kapelle noch gibt.

ranken sich um das Leben dieser Heiligen, die Anfang des 4. Jahrhunderts als christliche Märtyrerin ihr Leben verlor. In den unterschiedlichen Versionen wird sie jeweils von einem Monster bedroht, dem sie jedoch stets mutig und stark gegenübertritt. Aus diesem Grund führt sie auf den Darstellungen oftmals einen Drachen wie einen Hund an der Leine neben sich her. Als Patronin wird sie unter anderem zum Schutz gegen Unholde aus der Tiefe des Wassers angerufen – wie passend für den sagenumwobenen Walchensee.

Damit wären wir auch bei der zweiten Kuriosität der Kapelle: Hinter dem vergitterten Fenster rechts vom Eingang werden die Gebeine jener Unglücklichen aufbewahrt, die der Walchensee erst wieder in Form eines Skeletts freigab. – Ein Grund mehr, für diesen Ausflug an den See den Winter zu wählen, denn an Baden ist für die meisten nun eh nicht mehr zu denken ...

Stattdessen bietet die kleine Bank neben dem Gotteshaus ein schönes Plätzchen, um innezuhalten und die kleine Geschichte von dem Mädchen und den Seesternen zu lesen. Wer den Walchensee einmal bei stürmischem Wetter erlebt hat und die Gischt an den felsigen Ufern meterhoch hat aufwallen sehen, der wird sich auch eine Sturmflut am Meer vorstellen können **Geschichte S. 34**.

Von der Kapelle aus geht es erst einmal ▶ ***den gleichen Weg wieder zurück zu den alten Gehöften***. Ein in Zwergern gefundenes Steinbeil aus der Jungsteinzeit ist übrigens im Stadtmuseum Bad Tölz ausgestellt. Heute noch ist in der Bucht ein etwa ▶ ***500 Jahre alter Fischkalter*** zu bewundern, also ein Aufbewahrungsbecken für die Fischzucht, der vor allem im Winter bei niedrigem Wasserstand zutage tritt. Wie ein überdimensionaler Rechen ragen die Baumstämme aus dem Boden des Sees und erinnern an die großen Fähigkeiten der Zwerger. Sie wurden als Klosterfischer bis an den Heiterwanger und den Reschensee berufen und aufgrund ihrer Dienste für zwei jagdfreudige Wittelsbacher Herzöge sogar zum Adelsgeschlecht erhoben.

Drachenzähmen leicht gemacht – St. Margareth, die Schutzheilige gegen Seeungeheuer.

Wieder auf der ▸ ***Straße angekommen, biegen wir rechts ab*** und folgen ihr bis fast an die Nordspitze der Halbinsel. Wer gerne noch etwas dem Uferweg folgen möchte, kann noch gut einen Kilometer auf der Straße weiterspazieren. Dabei geht es am ehemaligen Klösterl Walchensee mit seiner barocken St.-Anna-Kapelle vorbei, das heute als katholisches Jugendbildungshaus genutzt wird. Kurz danach weist von der Straße aus links ein grüner Wegweiser den Hügel hinauf nach Einsiedel.

Dieser Pfad trifft später auch auf jenen, den wir als Rückweg gewählt haben, und bietet ein hübsches Kontrastprogramm zum ersten Teil der Runde. Denn wir zweigen bereits ▸ ***von der Zwergerner Bucht aus links ab***, einem grünen Schild mit dem Hinweis auf den ▸ ***„Albert-Schmidt-Weg“*** (Höhenweg W4) hinauf in den Wald folgend. Mit moderater Steigung und in fröhlichen Schlangenlinien windet sich der ▸ ***Pfad die gut 70 Höhenmeter*** nach oben und verläuft dann gemütlich auf dem kleinen Bergrücken weiter. Hie und da gibt es eine kleine Aussicht nach Norden oder Westen, meist jedoch spaziert man unter dem Geäst der verwunschen

Ist nur im Winter bei niedrigem Wasserstand zu sehen: ein 500 Jahre alter Fischkalter.

Zwergern am Walchensee

1:35 h Gehzeit – 6 km Länge – 74 hm

Ausgangspunkt in 82432 Jachenau:

Parkplätze in Einsiedl oder an der Mautstelle Einsiedl

Weg:

Straßen, Wiesenweg, Waldpfad; ganzjährig möglich, 1. Teil bei jedem Wetter begehbar (sonnig), im Winter besonders empfehlenswert, 2. Teil bei Schnee und Eis teilweise schwierig (schattig). 1. Teil gut zu finden, 2. Teil gut beschildert.

Besonderheiten:

- Karibikblaues Walchenseeufer
- Badeplätze
- Bootsverleih
- Kapelle St. Margareth
- 500 Jahre alter Fischkalter
- Verwunschener Mischwald

Einkehr:

- Gastronomie Walchensee, Urfeld und Kochel am See oder Jachenau (Mautgebühr)

Zuganfahrt:

Zug nach Kochel, Bus 9608 nach Garmisch-Partenkirchen, Ausstieg „Jachenau-Einsiedl, Kochel am See"

Variationen:

Verkürzt werden kann die Runde stets durch Umkehren, insbesondere bei der Kapelle St. Margareth. Verlängert werden kann die Tour zum Klösterl und weiter über die Nordwestseite der Halbinsel Zwergern oder sogar hinauf zum Simetsberg (1.840 m).

Tipps:

- Klösterl Walchensee (heute katholisches Jugendbildungshaus)
- St. Anna-Kapelle (im Sommer sonntags geöffnet)
- Herzogstandbahn www.herzogstandbahn.de

Tourist-Info:

Bahnhofstraße 23
82431 Kochel a. See
Tel: 08851-338
E-Mail: info@kochel.de
www.zwei-seen-land.de

Walchensee
Klösterl & St. Anna
St. Margareth
Zwergern
Fischkalter
Katzenkopf
Walchensee
B11
Rad- und Bootsverleih
0
200
400
600 m
Einsiedl

verdrehten Bäume dahin. Eine „Liebesheirat“ folgt hier auf die nächste. So wird landläufig das Zusammenwachsen zweier Bäume genannt, die so eng beieinander stehen, dass sie sich verbinden müssen, um sich nicht bei starkem Wind gegenseitig aufzureiben. Was für ein schönes Bild für die Kunst einer lebendigen Beziehung! Auf dass am Walchensee in Zukunft das Miteinander von Naturschutz, einheimischer Bevölkerung und erholungsuchenden Gästen ebenso gut gelingen möge.

Die kommenden Wegkreuzungen meistern wir aufgrund der ▶ ***guten Beschilderung*** problemlos und nehmen schließlich an einer überdachten Bank ▶ ***links den breiten Forstweg wieder hinab nach Einsiedl***. Kurz vor unserem Parkplatz stoßen wir wieder auf die Teerstraße und die nachfolgenden Uferplätze, die an sonnigen Tagen mit einer Einladung zum gemütlichen Verweilen aufwarten, der man kaum widerstehen kann.

Das Mädchen und die Seesterne

ab 5 Jahren

Frei nach einer Geschichte von William Ashburne

Ein alter Mann war bei Sonnenuntergang am Strand unterwegs. Die Sturmflut ebbte gerade ab und zahllose Seesterne lagen am Ufer verstreut. Da fiel ihm ein Mädchen auf, das am Strand entlangging und einen Seestern nach dem anderen ins Wasser warf. „Warum tust du das?“, fragte der alte Mann das Mädchen verwundert.

„Weil sie sterben, wenn sie hier auf dem Strand liegenbleiben“, antwortete es kurz und griff schon nach dem nächsten Seestern.

„Aber“, schüttelte der Alte den Kopf, „der Strand ist kilometerlang und hier sind Tausende von Seesternen verstreut. Das schaffst du nie! Was also macht es für einen Unterschied, ob du dich damit abmühst?“

Das Mädchen hielt kurz inne und hob schließlich den nächsten Seestern hoch, um ihn in die Wellen zu werfen. Dann drehte es sich zu dem Mann um und sagte: „Für diesen hier macht es einen Unterschied.“

04

Schlehdorf-Runde

Von einem Ufer zum nächsten

1:15 h Gehzeit – 5 km Länge – 5 hm

An Gewässern unterschiedlichster Art schlängelt sich diese kleine, auf den ersten Blick unscheinbare Tour um Schlehdorf entlang. Dabei besticht sie nicht nur mit einem ausgiebigen Sonnenbad über die ganze Wegstrecke hinweg, sondern lädt auch am Kochelsee zu einem Sprung ins kühle Wasser ein. Falls es dafür noch zu kalt sein sollte, kann man aber zumindest die Beine kurz ins smaragdgrüne Wasser tauchen, um sich ein bisschen zu erfrischen!

Der ▸ ***Startpunkt in Unterau*** bietet unter der Woche eigentlich immer einen freien Parkplatz und hat den Vorteil, dass wir schon auf dem ersten Teil des Weges die Sonne im Gesicht und die mächtigen Bergrücken im Blick haben: Rabenkopf und Jochberg, dann Herzogstand und Heimgarten bis hinüber zum Rauheck. Insbesondere im frühen Herbst oder späten Frühling sind die Nordseiten dieser Berge noch mit Schnee bedeckt, was die eindrucksvolle Kulisse unterstreicht.

Wir stellen das Auto auf dem ▸ ***Parkplatz südöstlich der St.-Andreas-Kirche*** ab und gehen ▸ ***wenige Meter nach Osten***, bis sogleich

Rechts oder links vom Mühlbach geht es immer der Sonne entgegen.

ein ▶ *Feldweg nach rechts* am Mühlbach abzweigt.

Ein paar Meter weiter östlich führt übrigens ein ebenso schöner Weg zwischen Mühlbach und Loisach entlang nach Süden und trifft am Ende mit einem Brückerl auch wieder auf unsere Route.

So ziehen wir gemütlich ▶ *am Mühlbach entlang*, genießen das Panorama um uns herum und den weiten Blick über die Kochelsee-Moorwiesen, in denen, wie zufällig verstreut, hier und dort kleine Holzstadel liegen. Romantisch mutet diese Idylle an und verrät auf den ersten Blick nichts von den Widrigkeiten in Form von massiven Föhnstürmen, Hagel und Überschwemmungen, denen die Bewohner dieses schönen Fleckchens durch die Bergrandlage immer wieder ausgesetzt sind.

Danach begleitet uns die Loisach zum Kochelsee.

An den Ufern des Mühlbachs hat inzwischen der Biber ziemlich gewütet und so türmen sich die gefällten Stämme nicht nur zu beiden Seiten des Wassers, sondern auch mittendrin als gewaltige Biberburg auf. Damit macht sich das kleine Pelztier nicht überall Freunde. Bei Naturschützern ist er jedoch als Baumeister neuer Auenlandschaften hoch angesehen.

Baumeister ganz anderer Art haben sich mit der Klosterkirche Schlehdorf ein Jahrhunderte überdauerndes Denkmal gesetzt. Begonnen wurde die Kirche etwa 1726, fertiggestellt wurde sie aber erst 1780 von Balthasar Trischberger als barock-klassizistisches

Gotteshaus. Bis heute strahlt ihr helles Gemäuer auf prachtvolle Weise vor dem Hintergrund der dunklen Berghänge. Wir nähern uns dem schon von Weitem zu erkennenden Kloster auf unserem ▶ ***Weg nach Süden***, an dem inzwischen die Loisach den kleinen Mühlbach abgelöst hat. An der Staatsstraße 2062 bringt uns eine ▶ ***Brückenunterführung*** wohlbehalten auf die andere Seite, auf der sich unsere Route nun als ▶ ***Wiesenweg*** gemütlich gen Süden fortsetzt. Immer wieder ragen kleine Felsenstege in den Flusslauf der Loisach und bieten von dort ungewöhnliche Ausblicke auf den Herzogstand.

Zahlreiche Bänke laden am Seeufer zum Verweilen ein.

Wenn wir schließlich auf eine Querstraße stoßen, heißt es aufgepasst, denn geradeaus geht es in eine Sackgasse des Kieswegs. Ein ▶ ***grünes Schild*** weist uns die richtige Route ▶ ***zum Kochelsee und Seeuferweg***. So geht es ▶ ***kurz nach rechts Richtung Norden*** zurück, ***um das Sportheim herum*** und – wieder beschildert – ▶ ***am Sportplatz Richtung Westen weiter in Richtung Kochelsee-Strand***. Um dorthin zu gelangen, kann man die kleine Landzunge am Seeufer umrunden – oder dem Pfad nach rechts in Richtung Westen folgen; beide Wege führen an ein lauschiges Uferplätzchen mit Bänken, eingerahmt vom grünblauen Wasser

Immer am See entlang geht es schließlich hinüber nach Schlehdorf.

des Sees und den aufragenden Bergen. Die perfekte Gelegenheit, um hier eine kleine Pause einzulegen und die Geschichte von den „Zwei Mönchen am Fluss" zu lesen ✧ **Geschichte S. 42**.

Wer sich nach Speis und Trank sehnt, der kann sich vom Seeufer wieder ▸ ***nach Norden ins Klosterdorf*** geleiten lassen. Dabei geht es am Schiffsanleger vorbei, von dem aus man zu einer kleinen Rundfahrt auf dem See aufbrechen kann. In Schlehdorf selbst gibt es mit dem Klosterbräu und dem Fischerwirt zwei griabige Gasthäuser, die für jeden Geschmack etwas im Angebot haben. Wem mehr nach geistigen Genüssen ist, zieht ▸ ***gleich weiter zur Klosterkirche St. Tertulin*** und zur westlich davon liegenden ▸ ***Friedhofskapelle Hl. Kreuz***, die einen überraschenden Schatz in sich birgt: ein etwa zwei Meter hohes, romanisches ▸ ***Viernagel-Kruzifix***, das aus dem Kloster Schlehdorf stammt und wahrscheinlich um 970 spätestens aber bis 1200 n.Chr. gefertigt wurde. Die Gründung des Klosters selbst geht der ersten schriftlichen Erwähnung zufolge gar in das Jahr 763 n. Chr. zurück.

Auf etwa 1000 Jahre wird dieses Viernagel-Kruzifix in der Friedhofskapelle geschätzt.

Für den Rückweg wartet schon die ▸ ***Unterauer Straße nach Norden*** auf uns, an der wir immer mal wieder einen Blick über die Zäune werfen und dabei so manch interessante Gartengestaltung entdecken können. Außerdem passieren wir einen Bildstock am Straßenrand, der mit „1610" überschrieben ist und uns verheimlicht, dass er eigentlich aus dem 18. Jahrhundert stammt. Schließlich erreichen wir wieder unseren ▸ ***Ausgangspunkt*** und können noch der ▸ ***Filialkirche St. Andreas*** einen Besuch abstatten, die im Kern aus dem 15./16. Jahrhundert stammt und 1719 erhöht und umgestaltet wurde. Der letzte Blick aber gebührt der beeindruckenden Alpenkulisse, die mit ihrer Entstehungszeit jenseits aller menschlicher Zeitrechnung liegt.

Linke Seite: Herrlich erfrischend findet auch Tashi die Runde zum Kochelsee, die Frauchen bei den Recherchen für ihre beiden märchenhaften Wanderbücher entdeckt hat.

Schlehdorf-Runde

1:15 h Gehzeit – 5 km Länge – 5 hm

Ausgangspunkt in 82444 Schlehdorf:

Parkplatz in Unterau, südöstlich der Kirche St. Andreas (wenige Parkplätze), oder am Schiffsanleger in Schlehdorf, Start von hier

Weg:

Straßen, Feld- und Wiesenwege, Kieswege; sonnig, zu allen Jahreszeiten begehbar. Teilweise beschildert.

Besonderheiten:

- Loisach-Ufer
- Kochelsee-Ufer mit Badestellen
- Schifffahrt www.motorschifffahrt-kochelsee.de
- Klosterkirche St. Tertulin
- Friedhofskapelle Hl. Kreuz mit ca. 1000 Jahre altem Viernagel-Kruzifix

Einkehr:

- Klosterbräu Schlehdorf www.klosterbraeu-schlehdorf.de
- Landgasthof Fischerwirt www.fischerwirt-schlehdorf.de
- Gastronomie Kochel am See

Zuganfahrt:

Mit dem Zug nach Murnau, dann Bus 9611 Richtung Kochel, Ausstieg „Schlehdorf“, oder mit dem Zug nach Kochel am See, dann Bus 9611 nach Schlehdorf, Start von hier aus

Variationen:

Verkürzen lässt sich die Runde nur, wenn man den Fußweg an der stark befahrenen Staatsstraße 2062 in Kauf nimmt; dann lässt sich die Strecke in einen Nord- und einen Südteil trennen. Verlängern lässt sich die Tour nördlich nach Großweil oder westlich auf den Bromberg (852 m) oder zum Freilichtmuseum Glentleiten.

Tipps:

- Anna's Dorfladen
  Kocheler Straße 16
  Tel.: 08851-2971603
- KlosterGut Hofladen & Sommercafé
  www.klostergut-schlehdorf.de
- Kristall Therme Kochel am See
  www.kristall-trimini.de
- Freilichtmuseum Glentleiten (mit Restaurant)
  www.glentleiten.de

Tourist-Info:

Tourismusverein Schlehdorf-Unterau e. V.
Kocheler Straße 22 (Gemeinde Schlehdorf)
82444 Schlehdorf am Kochelsee
Tel.: 08851-5165 (Mo. – Fr. 9.00 – 11.30 Uhr, Fam. Heinritzi)
E-Mail: info@schlehdorf.de
www.tourismus.schlehdorf.de

N
0
100
200
300 m
St. Andreas
Unterau
Unterauer Straße
Loisach
St 2062
Fischerwirt
KlosterGut
Friedhofskapelle
Klosterkirche
St. Tertulin
Schlehdorf
Klosterbräu
Sportplatz
Kochelsee
StepMap, 123map – Daten: Openstreetmap, Lizenz: ODbL1.0

Zwei Mönche am Fluss

ab 6 Jahren

Frei nach einer buddhistischen Geschichte

Es befanden sich einmal ein junger und ein alter Mönch auf Pilgerschaft. Auf ihrem Weg kamen sie zu einem Fluss mit starker Strömung, an dem es keine Brücke gab. Eine junge Frau stand am Ufer, traute sich aber nicht hinüber. Da bot ihr der ältere Mönch an, ihr zu helfen, und sie nahm sein Angebot dankbar an. So hob er sie auf seine Schultern, trug sie wohlbehalten durch den Fluss und setzte sie auf der anderen Seite wieder ab. Dann zog er mit seinem jüngeren Begleiter weiter.

Lange gingen sie schweigend nebeneinanderher. Schließlich erhob der junge Mönch die Stimme und sprach vorwurfsvoll: „Wie konntest du das nur tun? Du weißt doch, dass es uns verboten ist, Kontakt zu Frauen zu haben!"

Der ältere Mönch schwieg eine Weile. Dann sagte er ruhig: „Ja, du hast recht, ich habe die junge Frau – um ihr zu helfen – vor Stunden durch den Fluss getragen und danach am Ufer wieder abgesetzt. Aber mir scheint, du trägst sie immer noch mit dir herum..."

Hälfte des Lebens

Mit gelben Birnen hänget
Und voll mit wilden Rosen
Das Land in den See,
Ihr holden Schwäne,
Und trunken von Küssen
Tunkt ihr das Haupt
Ins heilignüchterne Wasser.
Weh mir, wo nehm' ich, wenn
Es Winter ist, die Blumen, und wo
Den Sonnenschein,
Und Schatten der Erde?
Die Mauern stehn
Sprachlos und kalt, im Winde
Klirren die Fahnen.

Friedrich Hölderlin (1770–1843)

05

Bichler Loisachmoor

Eine Runde voller Raureif und Rundumsicht

1:35 h Gehzeit – 6,6 km Länge – 15 hm

Frische Luft, Sonnenlicht und viel Geäst warten reichlich auf die Spaziergänger, die im Bichler Moos ihre Runde drehen. Ein Ausflug in das sonnige Loisach-Gebiet bietet sich besonders in der kalten Jahreszeit an. Durch die moorige Feuchte hüllen sich Bäume und Büsche häufiger als anderswo in weißen Raureif und lassen den Spaziergang mit seiner ausgesprochen schönen Bergsicht zu einem reizvollen Erlebnis werden.

Als Startpunkt ist ein ▸ *ausgeschilderter Parkplatz an der B 472* westlich von Bichl Richtung A 95 geeignet. Von hier aus führt ein ▸ *Wirtschaftsweg Richtung Norden* ins Loisachmoor hinein. Dieser stößt nach wenigen Minuten auf einen weiteren, dem wir ▸ *kurz nach rechts*, also nach Osten, folgen, um dann bei nächster Gelegenheit wieder links in nördliche Richtung abzubiegen. An der Linkskurve verlassen wir den Wirtschaftsweg geradeaus und wählen einen ▸ *Feldweg nach Norden*, der uns zielsicher ans Loisachufer bringt. Schon hier lohnt sich ein Blick über die Schulter, um sich an dem beeindruckenden Panorama von Bene-

Die Winterpracht im Spiegel der träge dahinfließenden Loisach

diktenwand und Jochberg hinüber zu Herzogstand und Heimgarten zu erfreuen. Aber keine Sorge, gleich gibt es noch mehr davon!

Am Ufer wählen wir den ▸ *Weg nach Osten*. Und so fließt links von uns schweigend die Loisach dahin. Rechts öffnet sich immer wieder die Sicht durch die Weiden auf kleine Moorabschnitte oder Auwälder. Haben wir an der Weggabelung eine Bank unter einigen markanten Birken erreicht, nehmen wir den ▸ *Feldweg halbrechts ins offenere Gelände*. Knorrige Eichen bewachen die Wiesen und die verstreut liegenden Stadl. Dazwischen blinkt der ▸ *Pfundweiher* hervor, an dem wir nach Gusto verweilen. Manchmal begrüßen uns ein paar Schwäne. Im Hintergrund ragt der Turm vom Bichler St. Georgskircherl auf, das das Ziel unserer heutigen Runde sein wird. Und wer mag, kann hier am Weiher auch der wundersamen Geschichte von „Kalt und warm zugleich" lauschen, die symbolhaft von manch Widersprüchlichkeit im Leben erzählt **Geschichte S. 49**.

Sodann ziehen wir ▸ *weiter Richtung Osten*, lassen uns von der Beschilderung „Bichl" weiterführen, bis uns eine Brücke mit der wohl faszinierendsten Aussicht im Loisachtal hinüber zur Ortsgrenze bringt. Mit etwas Glück kann man von hier aus einigen Störchen bei der Mahlzeit zusehen. Inzwischen sind sie fast das

Bühnen-Reif: Bei frostigen Temperaturen verwandelt sich das Moor in die schönste Kulisse!

Ein schmuckes Kleinod mit vorchristlichen Wurzeln: das St. Georgskircherl in Bichl

ganze Jahr über im Land und springen durch ihre Größe und ihren weiß-schwarzen Sonntagsanzug schnell ins Auge. Manchmal gesellen sich auch Grau- oder Silberreiher dazu, die sich Mäuse und Frösche aus dem Gras picken wie Rosinen aus dem Kuchen. Na, dann mal guten Appetit!

Auch für unseren Hunger wird bald gut gesorgt sein, denn einige Einkehrmöglichkeiten liegen nicht weit voraus. Die Überführung entlässt uns ins ▸ ***Bichler Gewerbegebiet Falak***, dessen gleichnamiger Straße wir folgen, bis wir mit der ▸ ***Siedlungsstraße nach rechts den Weg Richtung Süden*** einschlagen. Nun geht es an adretten Häuschen mit Garten vorbei, wobei sich zwischen den Hausnummern 13 und 15 ein suchender Blick lohnt. Zwischen den beiden Häusern hat nämlich auf einem der Strommasten ein

Bichler Loisachmoor

1:35 h Gehzeit – 6,6 km Länge – 15 hm

Ausgangspunkt in 83673 Bichl:

Beschilderter Parkplatz nördlich der B 472, zwischen Ortsumfahrung Bichl und A 95, etwa 1 km westlich von der Abzweigung Richtung Benediktbeuern

Weg:

Feldwege, Straßen; ganzjährig möglich, bei jedem Wetter begehbar, im Winter besonders empfehlenswert.
Gelegentlich beschildert, aber leicht zu finden.

Besonderheiten:

- Loisachufer
- Bichler Moos
- Sonnengeflutete Wiesen
- Herrlicher Panoramablick
- Kirche St. Georg in Bichl mit Opferkerzen

Einkehr:

- Café Eberl
  www.cafe-eberl.de
- Gasthof zum Bayerischen Löwen
  Kocheler Straße 16, Bichl
  Tel.: 08857-8993533
- Gastronomie Bichl

Zuganfahrt:

Fahrt mit dem Zug nach Bichl, Start vom Bahnhof aus direkt zur Kirche oder auf den Rundweg ins Moor

Variationen:

Verkürzt werden kann die Runde, indem der Besuch von Bichl oder die Schleife nach Westen weggelassen wird. Verlängern kann man die Runde sowohl nach Westen oder nach Nordosten bzw. nach Benediktbeuern.

Tipps:

- Naturbad Bichl
  www.bichl.de/de/tourismus-freizeit/schwimmbad
- Bichler Kinderspielplatz
  www.bichl.de/de/tourismus-freizeit/spielplatz
- Kloster Benediktbeuern
  www.kloster-benediktbeuern.de
- Benediktbeurer Alpenwarmbad
  www.benediktbeuern.de/alpenwarmbad
- Fischzucht Loisachtal
  www.loisachtal-forellenzucht.de
- Klettergarten Bad Heilbrunn
  www.klettergarten-bad-heilbrunn.de

Tourist-Info:

Kocheler Straße 9
83673 Bichl
Tel.: 08857-488
E-Mail: info@verkehrsverein-bichl.de
www.verkehrsverein-bichl.de

STEPMAP
StepMap, 123map – Daten: Openstreetmap, Lizenz: ODbL 1.0
Loisach
Pfundweiher
Falak
Storchennest
Dorfbach
B 472
Siedlungsstraße
Penzberger Straße
Kirchenweg
St. Georg
Bichl
0 100 200 300 m

Storchennest seinen erhabenen Platz gefunden, das meist von Frühjahr bis Spätsommer bewohnt ist. Dann geht es schließlich auf der ▶ *Bahnhof- und dann Raiffeisenstraße* weiter immer der Sonne entgegen. Endlich biegt der ▶ *Kirchenweg steil rechts ab* und schlängelt sich dem Gotteshaus entgegen, das in sanftem Gelb auf dem kleinen „Bühel" thront, der dem letzten Wegabschnitt seinen Namen gegeben hat.

1147 wurde das Gotteshaus das erste Mal erwähnt. Sein exponierter Platz legt nahe, dass dort schon früher vorchristliche Kulte ihren Ort gefunden hatten, der dann durch den christlichen Kirchenraum überbaut wurde. Dazu passt auch St. Georg als Kirchenpatron, der als christlicher Kämpfer oftmals einen heidnischen Kriegsgott abgelöst hat. Als die alten Gemäuer marode wurden, beauftragte man den namhaften Baumeister Johann Michael Fischer mit dem Neubau, der ein Kleinod der Barock- und Rokokozeit ist. Die künstlerische Ausgestaltung, der Altar und die Freskomalereien laden einen ein, in Andacht zu verweilen, auch wenn außerhalb der Gottesdienstzeiten nur der Vorraum betreten werden kann. Ein stiller Gang über den Friedhof rundet den Besuch des Glaubensortes ab.

Wer möchte, kann sich nun direkt auf den Rückweg machen. Wem nach einer Brotzeit oder nach Kaffee und Kuchen ist, der lasse sich von ▶ *zwei auf der Ostseite der Kirche abzweigenden Wegen* – von der Dorfstraße (nördlich) oder der Sindelsdorfer Straße (südlich) – zum nahe gelegenen Dorfkern bringen.

Wieder zum Ausgangspunkt zurück führt uns die ▶ *Straße „Am Bühel" südlich der Kirche*, und zwar nach Westen. Erst überqueren wir die ▶ *Bahngleise*, dann die ▶ *Sportplatzstraße* und schließlich gehen wir weiter, bis uns die ▶ *Abzweigung rechts zu einer weiteren Brücke* über die B 472 geleitet. Die Straße führt nach Norden, überquert den Dorfbach und lässt uns danach auf einem ▶ *Feldweg links nach Westen* abbiegen. Einzelne prächtige Birken flankieren den breiten Weg, der im Sommer auch von Radlern gerne genutzt wird. In der kalten Jahreszeit geht es hier jedoch gemütlicher zu und wir können uns noch einmal die Rundumsicht und das Sonnenlicht zu Gemüte führen, bis schließlich ▶ *linkerhand wieder unser Auto* auf uns wartet.

Kalt und warm zugleich

ab 4 Jahren

Frei nach einer Geschichte von Helmut Wittmann

Es war einmal ein Holzarbeiter, der im Winter munter seiner Arbeit nachging. Er hatte sich gerade einen neuen Baumstamm vorgenommen, als er ein feines Stimmchen hinter sich hörte: „Hoho, lieber Holzerer, so fleißig!"

Als er sich umdrehte, wollte er seinen Augen nicht trauen: Ein Waldmanndl stand da vor ihm. Ja, vielleicht war es gar ein Venedigermanndl, das die Geheimnisse der Berge, ihre Erz- und Goldschätze kannte! Ganz neugierig schien es und kam näher zu dem Holzarbeiter heran.

Dieser legte überrascht die Hacke beiseite und wusste doch nicht recht, was er sagen sollte. Und weil es gar so kalt war, hauchte er in seine Hände und rieb sie, damit sie warm blieben.

Da bekam das Manndl große Augen und fragte: „Was machst du da? Warum hauchst du dir in die Hände?"

„Nun", gab der Holzarbeiter kurz zurück, „weil meine Händ hoid warm wern, wenn i einiblos."

Das kleine Manndl schien sehr beeindruckt.

Und weil der Holzfäller immer noch nicht so recht wusste, was er mit dem Wicht reden sollte, fragte er: „Hosd an Hunger?"

Und schon entzündete er ein Feuer unter einem Topf und erwärmte sein Mittagessen. Kurz darauf schöpfte er einen Blechteller voll mit dampfender Suppe.

„Hoid, hoid", mahnte er, als das Manndl sich gierig daranmachte zu essen. „Des is ja noch vui z'hoas!"

Mit diesen Worten zog er den Teller ganz nah an seinen Mund und blies über das dampfende Essen.

Jetzt bekam das Manndl noch größere Augen. „Was machst du denn jetzt? Ist dir das Essen noch nicht heiß genug?"

„Na, na", lachte der Holzerer. „Schaug, wenn i drüberblos, werd's a weni kälter."

„Wie jetzt?", sagte der Wicht völlig verwirrt. „Einmal hauchst du in die Hände, dass dir wärmer wird! Ein andermal hauchst du übers Essen, dass es abkühlt! – Also, das ist mir einfach nicht geheuer!"

Und bevor sich's der Holzfäller versah, war das kleine Manndl verschwunden und ließ sich nie wieder in seinem Wald blicken.

Ein milder Wintertag

An jenes Waldes Enden,
Wo still der Weiher liegt
Und längs den Fichtenwänden
Sich lind Gemurmel wiegt;

Wo in der Sonnenhelle,
So matt und kalt sie ist,
Doch immerfort die Welle
Das Ufer flimmernd küsst:

Da weiß ich, schön zum Malen,
Noch eine schmale Schlucht,
Wo all die kleinen Strahlen
Sich fangen in der Bucht;

Ein trocken, windstill Eckchen,
Und so an Grüne reich,
Dass auf dem ganzen Fleckchen
Mich kränkt kein dürrer Zweig.

Will ich den Mantel dichte
Nun legen übers Moos,
Mich lehnen an die Fichte,
Und dann auf meinen Schoß

Gezweig' und Kräuter breiten,
So gut ich's finden mag:
Wer will mir's übel deuten,
Spiel ich den Sommertag?

Will nicht die Grille hallen,
So säuselt doch das Ried;
Sind stumm die Nachtigallen,
So sing' ich selbst ein Lied.

Und hat Natur zum Feste
Nur wenig dargebracht:
Die Lust ist stets die beste,
Die man sich selber macht.

Annette von Droste-Hülshoff
(1797–1848)

Reindlschmiede-Loisach-Runde

Einsame Flussauen und wilde Wälder

1:40 h Gehzeit – 7 km Länge – 2 hm

Sehr unterschiedliche Stimmungen hält diese kleine Runde in der Gemeinde Bad Heilbrunn bereit, die zu den noch weniger entdeckten Strecken im Oberland gehört. Sie startet im überschaubaren Ortsteil Reindlschmiede, zieht sich durch Mürnsee, Kiensee, an der Loisach entlang bis Unterkarpfsee und kehrt dann wieder durch den Wald zurück. Mal fühlt man sich im oberbayerischen Kulturland geborgen, mal bezaubern einen die Flussauen mit ihrem ganz eigenen, irgendwie entrückten Charme und mal wähnt man sich in den verlassenen Wäldern Nordamerikas.

Starten wir also umgeben von Bergblick und Häusern im schönsten oberbayerischen Stil in dem kleinen Weiler Reindlschmiede. Südlich vom gleichnamigen Gasthaus gibt es einen ▸ *Wanderparkplatz* direkt am Reindlbach, von dem aus wir ▸ *auf der Straße Richtung Westen* gehen, vorbei am ehemaligen mit Moorwasser gespeisten Freibad, das nun als kleiner Teich einen hübschen Anblick bietet. Häuser der unterschiedlichsten Baujahre säumen die Straße nach Mürnsee, die wir nach etwa zehn Minuten – deutlich

Einfach eine Schau: das Häusl vom „Wurzelsepp von Kiensee“!

ausgeschildert mit einem dunkelgrünen Schild des ► *„Loisachrundwegs“ – nach links Richtung Kiensee* verlassen.

Rechterhand zieht ein außergewöhnlich farbiges Wegkreuz an einer Scheune die Blicke auf sich, wie auch die alten Bauernhöfe zu beiden Seiten. Schließlich erscheint die ► *Kienseer Kapelle* vor unseren Augen. Das kleine, neuromanische Gotteshaus wurde 1878 errichtet und 1882 schon um das Doppelte nach Südwesten erweitert. Eine Besonderheit gibt es zu dem Hügel zu erzählen, auf dem die Kapelle so exponiert thront: So sollen der Sage nach Mönche des Benediktbeurer Klosters zur Zeit der Säkularisation an dieser Stelle wertvolle Kirchengüter vergraben haben, um zu verhindern, dass sie entweiht und für alltägliche Dinge verwendet werden.

Munter schlängelt sich das Sträßchen von hier aus weiter, vorbei am urig gestalteten ► *Haus vom „Wurzelsepp von Kiensee“*, bis nach insgesamt etwa 15 Minuten Fußweg inmitten malerischer Bauernhäuser der ► *Wegweiser nach rechts* zeigt. Hier biegen wir ab und folgen dem Weg zwischen den Höfen hindurch, bis er uns schließlich mit einer Linkskurve zum letzten Haus und dann in die grüne Weite bringt. Noch einmal weist uns ein ► *Schild nach rechts* und bald führt uns der Feldweg wieder am Reindlbach entlang, der aufs Schönste durch das beginnende Loisachmoor mäandert. Mannshohes Schilf begleitet den Weg auf der einen Seite, Biber-

Wildromantisch springt die Loisach neben dem Weg über Stock und Stein.

rutschen und Biberskulpturen sind auf der anderen Seite zu sehen. Für Kinder ergibt sich auf den nächsten Wegkilometern so manche Möglichkeit, auf Kiesbänken zu turnen. Allerdings ist ein bisserl Vorsicht angeraten, will man nicht ein unfreiwilliges Bad nehmen, denn der Boden hält nicht immer, was er auf den ersten Blick verspricht.

Nach etwa 40 Minuten biegt – erneut bestens ausgeschildert – ein ▶ ***Wurzelweg durch enge Baumreihen nach links*** ab und geleitet uns zum Loisachufer. Hier fließt das Wasser erst gemütlich voran, später rauschend über Felsgestein und schließlich, wenn der Zufluss vom Wasserkraftwerk Schönmühl sich wieder mit dem ursprünglichen Fluss vereint, sehr getragen weiter. Hier bieten Bänke, große Steine und ein kleiner Kiesstrand zahlreiche Gelegenheiten zum Verweilen – und zum Lesen der kleinen Geschichte, die uns schon einen atmosphärischen Vorgeschmack auf die sehr entlegenen Anwesen gibt, die im nächsten Streckenabschnitt auf uns warten und ähnlich in Nordamerika zu finden sind. So spricht die Weisheit der Indianer und ihre große Verbundenheit mit der Natur aus der Erzählung von den zwei Wölfen **Geschichte S. 56**.

Meist ist man auf dieser Runde für sich alleine – umrahmt von ganz viel Natur!

Nach etwa einer Stunde bisherigem Fußweg erreichen wir die erste Einsiedelei inmitten von all dem Grün und lassen uns vom ▶ ***Wegweiser nach rechts am Haus*** vorbei lotsen. An der ▶ ***Straße angekommen, geht es nach links***, wieder vorbei an rustikalen Anwesen, die so auch in den Rocky Mountains oder in Kanada stehen könnten, bis uns der Wegweiser Richtung Reindlschmiede ▶ ***zwischen zwei Häusern hindurch nach rechts in den Wald*** schickt. Nach wenigen Minuten stoßen wir auf ein zum Schutz des Wildes umzäuntes Gebiet und folgen deshalb dem ▶ ***Forstweg, der rechts daran vorbeiführt*** und uns nach zehn schattigen Minuten wieder zum ▶ ***Ortsteil Mürnsee*** bringt. Bald ist die ▶ ***Hauptstraße*** erreicht und somit der ▶ ***bekannte Rückweg*** bis zu unserem ▶ ***Startpunkt*** schnell gefunden. Hier wartet schon eine deftige Brotzeit im Biergarten oder im Wirtshaus auf uns. Für alle, die die Runde erweitern wollen, weist hier die Beschilderung nach Ramsau und Schönau weiter.

Reindlschmiede-Loisach-Runde

1:40 h Gehzeit – 7 km Länge – 2 hm

Ausgangspunkt in 83670 Bad Heilbrunn:

Wanderparkplatz neben dem Gasthof Reindlschmiede, Reindlschmiede 8

Weg:

Straßen, Feld- und Forstwege, Wurzelpfad; teils sonnig, teils schattig, das ganze Jahr über begehbar.
Durchgängig beschildert „Loisachrundweg" bzw. „Reindlschmiede".

Besonderheiten:

- Abwechslungsreiche Wege
- Alte Bauernhöfe
- Schnitzereien vom „Wurzelsepp"
- Loisachufer und -moor
- Unterschiedliche Wälder
- Kapelle in Kiensee

Einkehr:

- Gasthof Reindlschmiede
  www.reindlschmiede.de
- Gasthaus RamsAu
  www.ramsau-das-gasthaus.de

Zuganfahrt:

S-Bahn nach Wolfratshausen, Bus 376 Richtung Bad Heilbrunn, Ausstieg „Reindlschmiede"

Variationen:

Verkürzen kann man die Runde durch Umdrehen oder statt nach Unterkarpfsee links gleich nach Mürnsee rechts. Verlängern kann man sie über östliche Wege in Richtung Bad Heilbrunn, Ramsau und Schönau oder westlich an der Loisach entlang nach Hohenbirken und Maxkron.

Tipps:

- Baden im Schönauer Weiher
- Klettergarten Bad Heilbrunn
- Kräuter-Erlebnis-Park
  Bad Heilbrunn
- Pfarrkirche St. Kilian
  Bad Heilbrunn
- Hofgut Letten
  Biogärtnerei Holzmann
  www.holzmann-letten.de
- Thomahof
  Hofladen Brandl
  www.thomahof-brandl.de

Tourist-Info:

Badstraße 3
83670 Bad Heilbrunn
Tel.: 08046-188922
E-Mail: gaesteinformation@bad-heilbrunn.de
www.bad-heilbrunn.de/kontakt-gaesteinformation

Hofgut
Letten
Gasthof
Reindlschmiede
Obermaxkron
Unter-
karpfsee
Mürnsee
Reindlschmiede
Reindlbach
Loisach
Kiensee
Wurzelsepp
Café Kolb
Wurzelpfad
0 100 200 300 m

Die zwei Wölfe

ab 6 Jahren

Nach einer indianischen Geschichte

Eines Abends saß ein alter Indianer mit seinem Enkel am Lagerfeuer. Die Dunkelheit hatte sich um die beiden gebreitet und ihre Gesichter wurden nur vom Flackern der Flammen erhellt.

Lange hatten sie geschwiegen, da sprach der Alte: „Mein Junge, dir wird in deinem Leben vieles widerfahren, so wie auch ich vieles erlebt habe. Und manchmal, da wird es sich anfühlen, als würden zwei Wölfe in deiner Brust gegeneinander kämpfen."

Er machte eine kurze Pause. Doch sah ihn sein Enkel so erwartungsvoll an, dass er weitererzählte. „Nun, der eine Wolf ist ein Bote der Dunkelheit, deiner Angst, des Misstrauens und der Verzweiflung. Er wird dir böse Träume und Schmerz bringen.

Der andere Wolf in deinem Herzen ist der Bote des Glücks, der Hoffnung, der Lebensfreude und der Liebe. Mit seiner Hilfe findest du gute Träume. Zuversicht und Mut zeigen dir den Weg, Aufrichtigkeit und Mitgefühl werden dich durch ihn begleiten."

Wieder machte der Alte eine Pause, bevor er fortfuhr: „Diese beiden Wölfe in dir werden sich ein Leben lang bekämpfen, sie werden die Zähne fletschen, sich umkreisen, sich an die Kehle gehen – ja, bis einer von beiden kraftlos zu Boden sinkt."

Der Alte schwieg einen Moment, doch sein Enkel zupfte ihn am Ärmel und bat: „Erzähl weiter, Großvater! Sag doch, wer von den beiden wird am Ende gewinnen?"

Da lächelte der alte Indianer, strich dem Jungen über den Kopf und sagte: „Nun, der Wolf, den du fütterst, dieser wird gewinnen. Darum lebe achtsam und lerne beide gut kennen. Und entscheide dich in jedem Moment deines Lebens klug, welchen Wolf du füttern möchtest."

Begegne dem,
was auf dich zukommt, nicht mit Angst,
sondern mit Hoffnung.

Franz von Sales (1567–1622)

07

Jachenauer Dorfrunde

Bergauf, bergab durchs Sonnental

1:15 h Gehzeit – 4,5 km Länge – 81 hm

Schon lange ist die Jachenau als Ausflugsziel weitum bekannt und begehrt. An sonnigen Winter- oder Hochsommertagen ist ein Besuch deshalb nur angeraten, wenn man Stau und ein Bad in der Menge liebt. Gerade in den Übergangszeiten aber, also im noch schneelosen November / Dezember oder im späten Frühjahr, lassen sich viele Wege des reizvollen Sonnentals, das sich über 15 Kilometer von West nach Ost erstreckt, durchaus entspannt genießen. Und so hat diese Runde, die sich gemütlich, aber unbeschildert um das schmucke Dorf schlängelt, ihren Platz in diesem Bücherl gefunden.

Vom kleinen ▸ ***Parkplatz an der Grundschule Jachenau*** geht es zuerst einmal ▸ ***hundert Meter an der Staatstraße 2072 nach Osten***, bis auf der anderen Fahrbahnseite ein schmaler ▸ ***Fußweg durch die Wiesen nach Südwesten*** abzweigt. Dieser lenkt unsere Schritte zu den stattlichen Anwesen des ▸ ***Weilers Erbhof***. Von hier aus geht es weitere fünf Minuten ▸ ***auf Teer weiter***, bis wir die ▸ ***Brücke an der Jachen*** erreichen, dem kleinen Fluss, der der weitläufigen Gemeinde ihren heutigen Namen gegeben hat und den Walchensee mit der

Eine abwechslungsreiche Runde durch die Jachenau, bei der sich auch ein Schlenker zur Pfarrkirche St. Nikolaus lohnt.

Isar verbindet. Ursprünglich trug die erste Ansiedlung in der Jachenau nämlich den Namen „Nazareth". Die Mönche vom Kloster Benediktbeuern leiteten Ende 1192 diesen Namen vom lateinischen „in acereto", „im Ahorngehölz", ab. Denn damals glich das Tal noch dem Großen Ahornboden in der Eng und war dicht mit diesen mächtigen Bäumen bewaldet. Etwa einhundert Jahre später kam der Name „Jachnawe" dazu, der sich im Laufe der Zeit als „Jachenau" durchsetzte.

Für unseren weiteren Weg biegen wir nun ► *vor der Brücke nach rechts in die Straße zum Weiler Point* ein und bleiben auf ihr, bis wir an der nächsten ► *Abzweigung kurz nach links* marschieren, diesmal die ► *Brücke über die Große Laine überqueren*, um dann gleich ► *rechts dem Fußweg am Ufer flussaufwärts* zu folgen. Recht ruhig und beschaulich geht es nun dahin, bis wir den ► *Ortsteil Setzplatz* erreichen und dort die ► *zweite Straße links Richtung Westen* nehmen.

Für diejenigen, die auf dieser Runde gerne der interessanten Pfarrkirche St. Nikolaus einen Besuch abstatten wollen, bietet es sich an, vor den letzten beiden Häusern den Fußweg nach links einzuschlagen, der in einem Bogen direkt ins Dorf und zum Gotteshaus führt. Die Kirche hat einen mittelalterlichen Kern, wurde später jedoch auf vielfältige Weise umgebaut und barockisiert. Das älteste Zeugnis ist ein Fresko aus dem 14. Jahrhundert, das in einer Nische an der mittelalterlichen Chorwand nahe des Beichtstuhls zu finden ist.

Wer lieber nur in der Natur unterwegs sein möchte, setzt seinen Weg am Ende der Straße von Setzplatz wieder auf dem ► *Kiesweg neben der Großen Laine* fort. Die Laubbäume am Flussbett bieten ein wenig Schatten, sodass sich hier wunderbar die Sicht auf die umliegenden Höfe und Hügel genießen lässt. An der ▶ ***Hauptstraße*** angelangt, müssen wir auf ihr etwa ▶ ***200 Meter rechts nach Osten*** überbrücken, bis wir unterhalb der ▶ ***Bergkapelle*** ankommen, die malerisch auf einer kleinen Anhöhe liegt. Außerhalb der Weidesaison ist es kein Problem, auf einem ▶ ***schmalen Wiesenweg*** von Süden aus direkt zum Kirchlein hinaufzusteigen. Ist die Weide gesperrt, kann man die Kapelle auch über den Feldweg von Osten her erreichen. Der bezaubernde Ausblick über Dorf und Tal lädt dazu ein, auf dem Bankerl unter dem Ahorn zu sitzen und die Geschichte von den zwei Krügen zu lesen, die ihre Wurzeln in Indien hat. Ein märchenhaftes Gleichnis, das uns ermuntert, über das Wesentliche im Leben nachzudenken **Geschichte S. 62**.

Weiter geht es dann ▶ ***östlich der Bergkapelle***. Hier führt der ▶ ***Pfad hinunter*** auf einen ▶ ***Feldweg***, von dem aus wir auf der anderen Seite ▶ ***wenige Meter versetzt dem nächsten Pfad wieder einen Hügel hinauf folgen***. Neuerlich nimmt uns eine ▶ ***Forststraße*** in Empfang und geleitet uns ▶ ***weiter östlich bergauf***. Bei einer Scheune an den Weiden lohnt sich ein ▶ ***kurzer Abstecher nach Norden zum „Zugspitzblick“***, einem erhöhten Platz mit schönster Sicht über Jachenau hinweg zum höchsten Berg Deutschlands.

Wieder auf der ▶ ***Forststraße*** angelangt, verläuft unser weiterer Weg zuerst von dieser über die Wiese ▶ ***nach Osten*** – manchmal ist er so wenig begangen, dass man seine Route entsprechend der Karte etwas erraten muss. Dann verwandelt er sich wieder in einen ▶ ***Feldweg, der über Norden eine Kurve*** zum nächsten Forstweg zieht. Nun wird es im Streckenverlauf deutlich einfacher, denn dieser ▶ ***Kiesstraße folgen wir nach rechts bergab*** – mit neuerlichen weiten Blicken übers Tal –, bis wir wieder die ▶ ***Staatsstraße 2072*** erreichen und auf der ▶ ***linken Seite vor der Schule schon unser Auto*** erkennen können.

Von der Anhöhe der kleinen Bergkapelle hat man eine weite Sicht ins Sonnental.

Jachenauer Dorfrunde

1:15 h Gehzeit – 4,5 km Länge – 81 hm

Ausgangspunkt in 83676 Jachenau:
Parkplatz vor der Grundschule, Wieden 13

Weg:
Wald- und Wiesenpfade, Feld- und Forstwege, Straße; sonnig und besonders in der kalten Jahreszeit zu empfehlen, außer bei enormem Schnee; zur Weidezeit mit Einschränkungen möglich.
Nicht beschildert.

Besonderheiten:
- Sonnental Jachenau
- Blumenreiche Wiesen
- Wanderweg an der Großen Laine
- Bergkapelle mit Aussichtspunkt

Einkehr:
- Café Beim Dannerer (nur saisonal geöffnet) Tannern 32 ½, Tel.: 08043-918889
- Gasthof Jachenau www.hotel-gasthof-jachenau-toelzer-land.de
- Jachenauer Schützenhaus www.jachenauer-schuetzen-haus.de
- Gastronomie Jachenau

Zuganfahrt:
Fahrt mit dem Zug nach Lenggries, dann Bus 9595 nach Jachenau, Ausstieg „Wieden"

Variationen:
Verkürzen kann man die Runde durch Umkehren. Verlängern kann man sie durch Kombination mit der Wanderung zum Jachenauer Wasserfall (nördlich), östlich zum Brunnenberg (1.102 m) oder südlich zum Staffel (1.526 m).

Tipps:
- Pfarrkirche St. Nikolaus
- Jachenauer Dorfladen www.jachenauer-dorfladen.de
- Langerbauer Hofkäserei www.langerbauer-walchensee.de/hofkaeserei
- Wildkräuter- und Yak-Führungen www.bio-yak.de
- Jachenauer Holzschnitzerei www.jachenauer-holzschnitzerei.de
- Schreinerei VOIHOIZ www.voihoiz.de
- Berg Chalet Deko-Verkauf www.berg-chalet.de

Tourist-Info:
Dorf 7 1/3
83676 Jachenau
Tel.: 08043-919891
E-Mail: info@jachenau.de
www.jachenau.de

Schützen-
wirt
Jachenau
Jachenauer
Dorfladen
Gasthof
Jachenau
St. Nikolaus
Zugspitz-
blick
Laich
St 2072
Setzplatz
Große Laine
Erbhof
Point
Jachen
0
100
200
300 m

Die zwei Krüge

ab 4 Jahren

Frei nach einem indischen Märchen

Eine Frau hatte einmal zwei Krüge, mit denen sie das Wasser nach Hause trug. Dazu hatte sie die beiden Krüge an die gegenüberliegenden Enden einer Holzstange gebunden, die sie sich über die Schultern legte. Einer der beiden Krüge war neu und makellos, der andere alt und schäbig und hatte schon einen Riss. So trug es sich zu, dass immer, wenn die Frau vom Brunnen Wasser holte, der eine Krug die Hälfte davon auf dem Heimweg verlor.

Auch dem alten Krug blieb nicht verborgen, dass er seinen Dienst nur noch sehr leidlich tat. So fragte er die Frau eines Tages: „Warum behältst du mich, wo ich doch jeden Tag die Hälfte des Wassers auf dem Heimweg verliere?“

Da lächelte die Frau und sprach: „Interessant, dass du so von dir denkst. Aber schau mal hier: Auf deiner Seite des Weges wachsen all diese wunderbaren Blumen, mit denen ich mir auf dem Markt ein kleines Zubrot verdienen kann.“

Der Krug aber ließ sich nicht beirren: „So schön die Blumen auch sein mögen, so wenig können sie daran ändern, dass ich eigentlich zu nichts mehr nutze bin.“

Erneut lächelte die Frau und sagte: „Ist dir gar nicht aufgefallen, dass es diese Blumen nur auf deiner Seite gibt? Ich habe Samen hier verstreut und jeden Tag, den ich mit euch Krügen Wasser vom Fluss hole, gießt du die Hälfte deines Inhalts auf diese Pflänzchen. Ohne dein Wasser, wäre auch diese Seite des Weges so karg und leer wie die andere. Stattdessen aber steht sie voller schönster Blumen!“

Mondnacht

Es war, als hätt der Himmel
Die Erde still geküßt,
Daß sie im Blütenschimmer
Von ihm nun träumen müßt'.
Die Luft ging durch die Felder,
Die Ähren wogten sacht,
Es rauschten leis' die Wälder,
So sternklar war die Nacht.
Und meine Seele spannte
Weit ihre Flügel aus,
Flog durch die stillen Lande,
Als flöge sie nach Haus.

Joseph von Eichendorff
(1788–1857)

Buchberg bei Bad Tölz

Ein kleiner Gipfel mit großem Genuss

1:40 h Gehzeit – 5,3 km Länge – 183 hm

Es gibt Wanderwege, bei denen einem einfach das Herz aufgeht. Diese kleine Runde in der Nähe von Bad Tölz ist einer davon. Zudem ist sie quasi ein kleiner Geheimtipp, selten begangene Runden sind nämlich im Oberland kaum noch zu finden. Diese gehört jedoch dazu, denn sie liegt etwas im Schatten ihrer sensationellen Schwester nebenan, der Blombergbahn mit ihren Höhepunkten. Für uns geht es auf die stillere und gegenüberliegende beschauliche Nordseite, hinauf auf den Buchberg. Dort wechseln sich Kuhweiden mit luftigen Mischwäldern ab und ein von Linden beschirmter kleiner Gipfel lockt mit einem zur Brotzeit einladenden Bankerl.

Die beiden kostenpflichtigen ▸ *Parkplätze am Blomberg* bieten fast immer ausreichend Platz. Für unsere Route empfiehlt sich der nördlich gelegene Parkplatz als Startpunkt. Von hier aus folgen wir – an dem kleinen Gartenlokal „Dingdong" vorbei – dem ▸ *Sträßchen nach Norden*, das kurz darauf ▸ *nach links Richtung Stallau* abbiegt. Am „Gästehaus" Nirwana geht es mit einem grünen Wegweiser nach „Bad Heilbrunn über Buchberg" ▸ *rechts die Straße weiter*

Gleich zwei Bänke mit Aussicht erwarten uns bei der Buchberg-Runde: hier beim Hahnbauernkreuz …

leicht bergauf. Nun wechselt die Beschilderung, zeigt „Bad Tölz“ und lotst uns links einige Stufen in den hellen Mischwald hinauf. Nach einem Aufstieg über einen etwas steileren Wurzelpfad und anschließendem Fußweg erreichen wir nach etwa 20 Minuten den ▸ *Wanderweg Richtung Buchberg*.

Dort ▸ *biegen wir links ab*; eine Beschilderung fehlt hier leider. Munter geht es weiter den Hang hinauf. Im Winter gesäumt von schneebedeckten Fichtenbäumchen, die wie märchenhafte Wichtel am Wegesrand stehen; im Sommer umgeben vom würzigen Duft der Nadel- und Laubbäume, die an heißen Tagen ihr schützendes Dach über uns breiten.

Der Waldweg verengt sich allmählich, bis er zwischen Brombeersträuchern zu einer Weide gelangt. Durch einen Durchschlupf geht es hinein und rechts am Waldrand über die Wiese kurz steil bergauf, bis uns ein Viehgatter wieder in die Freiheit entlässt. Nach insgesamt einer halben Stunde haben wir schon den ▸ *ersten Aussichtspunkt* erreicht, der uns freie Sicht hinüber zum Blomberg schenkt.

… und hier beim eigentlichen Buchberg-Gipfel!

Einst stand hier einmal das hübsche Malerhäusl des Künstlers Theodor Bohnenberger (1868–1941), der für seine Blumen-, Porträt- und Landschaftsmalerei bekannt war. Man erzählt sich, dass sich in diesem Atelier auch Eva Braun für Adolf Hitler hat malen lassen. In jedem Fall stammen zwei Porträts der beiden von ihm.

Vor wenigen Jahren wollte der neue Eigentümer das Malerhäusl umbauen, riss dabei jedoch gleich das gesamte Haus ab. Daraufhin wurde ihm ein Neubau im Außenbereich untersagt und der schon angefertigte Rohbau musste ebenfalls dem Erdboden gleichgemacht werden, sodass der Blick hinüber zum Juifen inzwischen allen Vorüberziehenden vergönnt ist.

Gut beschirmt geht es großteils unter dem Blätterdach des Waldes dahin.

Zum Gipfel des Buchbergs ist es von hier aus nur noch ein Katzensprung. Wir spazieren den ▸ *Feldweg zur Anhöhe hinauf*, an einem kleinen Weiher vorbei, hin zu dem herrschaftlichen Privatanwesen, das kurz unterhalb des kleinen Bergs steht und einst eine Wirtschaft, den „Lukasbauern", beherbergte. Wir biegen an dem farbenfrohen Blumengarten der ehemaligen Gaststätte ▸ *links ab*, gehen ▸ *rechts an ihm vorbei* und dann einen ▸ *schmalen Fußweg* durch die Wiesen ▸ *hinan zum Gipfelkreuz* auf 846 Metern Höhe, das dem eigentlich Buchberggipfel etwas vorgelagert ist. Dahinter ragen einige Linden auf, unter denen eine Holzbank ihren Platz gefunden hat. Diese Einladung sollte man sich nicht entgehen lassen und den Blick von Ost bis West schweifen lassen. Vage grüßen die Ammergauer Alpen herüber, danach der Peißenberg und schließlich zahlreiche Kirchen der kleinen, nördlich und östlich gelegenen Weiler.

Klug, wer nun eine kleine Brotzeit samt Gipfelbier im Gepäck hat und die Aussicht nicht nur genießen, sondern auch begießen kann. Übrigens führten hier früher alte Salz-

Einst führten hier Salzwege entlang und Gasthäuser säumten den Weg, wie der ehemalige „Lukasbauer".

Buchberg bei Bad Tölz

1:40 h Gehzeit – 5,3 km Länge – 183 hm

Ausgangspunkt in 83646 Wackersberg:

Parkplatz Blombergbahn (Nordseite)

Weg:

Feld- und Wurzelwege, Stufen, Waldpfade und Straßen; teils schattig, für Trittsichere auch bei moderatem Schnee geeignet, bei Regen und Schneeschmelze nicht empfehlenswert.
Kaum beschildert, aber leicht zu finden.

Besonderheiten:

- Wildromantischer Wald
- Sonnengeflutete Wiesen
- Kleiner Gipfel
- Ausblicke über Bad Tölz
- Panoramasicht von West über Nord nach Nordost
- Wegkapelle

Einkehr:

- DingDong Gartenlokal
  Stallau 152 b, Wackersberg
  Tel.: 0178-3831576
- Restaurant Da Luca
  www.der-blomberg.de/daluca
- Tölzer Schießstätte der Fernsehköchin Michaela Hager (Anmeldung erforderlich)
  www.michaela-hager.de
- Restaurant Ludwigs
  www.restaurant-ludwigs.com
- Gastronomie Wackersberg und Bad Tölz

Zuganfahrt:

Mit dem Zug nach Bad Tölz, Bus 9612 nach Kochel oder 9591 Richtung Penzberg, Ausstieg „Blombergbahn“

Variationen:

Verkürzt werden kann die Runde nur durch Umkehren. Verlängert werden kann sie auf östlicher Seite nach Bad Tölz, auf südlicher am Stallauer Weiher entlang oder auf westlicher über Wörnern Richtung Bad Heilbrunn.

Tipps:

- Blombergbahn mit Rodelbahn, Kletterwald, Entdeckerpfad
  www.der-blomberg.de
- Abenteuer-Minigolfplatz Bad Tölz
  www.toelzer-minigolf.de
- Kräuterstüberl Glaswinklerhof
  www.kräuter-stüberl.de

Tourist-Info:

Gemeinde Wackersberg
Bachstraße 8 (Oberfischbach)
83646 Wackersberg
Tel.: 08041-799280
E-Mail: info@wackersberg.de
www.wackersberg.de

Tourist-Info Bad Tölz:

Max-Höfler-Platz 1
83646 Bad Tölz
Tel.: 08041-78670
E-Mail: info@bad-toelz.de
www.bad-toelz.de

Kräuterstüberl Glaswinklerhof
Minigolf
Ludwigs
Hahnbauer
Hahnbauern-kreuz
Alte Linden
Reit
Buchberg
857 m
B 472
Stallau
DingDong
Blombergbahn
Blomberg Tenne
0
100
200
300 m

Zwei prachtvolle Linden sind hier zu einem Naturdenkmal zusammengewachsen.

wege entlang, die das Chiemgau mit dem Allgäu verbanden. Bis heute erinnert die Salzstraße in Bad Tölz an diesen für den Handel mit dem „weißen Gold“ so wichtigen Knotenpunkt. Dazu passt auch die kleine Geschichte vom Salz in der Suppe, die davon erzählt, dass erst der Beitrag jedes Einzelnen dem gemeinschaftlichen Leben seine Würze verleiht ✧ **Geschichte S. 69**.

Der ▸ ***Rückweg geht wieder die wenigen Meter über die Wiese zurück***, hinunter zu den mächtigen Linden, die dort neben Biertisch und Bank stehen. Allerdings sei angemerkt, dass sowohl dieses schöne Platzerl als auch der Anfahrtsweg hier herauf in Privatbesitz sind, der freundlich respektiert werden sollte. Für uns steht die ▸ ***Straße***, die von weiteren Linden und Ahornbäumen gesäumt ist, freilich als Wanderweg jederzeit zur Verfügung. Sie nimmt uns wieder mit in den abwechslungsreichen Mischwald, der vor allem im späten Frühjahr und im Herbst mit seiner Farbenpracht fasziniert.

Wenn die Straße in eine leichte Linkskurve geht, führt ein Forstweg geradeaus zu einem Gatter und dahinter zum Hahnbauern-Kreuz. Ein Abstecher dorthin sei nur außerhalb der Weidezeiten empfohlen, weil das Jungvieh auf der Wiese nicht immer allen Besuchern wohlgesonnen ist.

Wir machen uns lieber auf der ▸ ***Teerstraße an den Abstieg***, biegen an der ▸ ***nächsten Kreuzung rechts*** ab und erreichen alsbald den ▸ ***Hahnbauer*** mit seiner winzigen Wegkapelle, die dort liebevoll instand gehalten und von Frühling bis Herbst tagsüber aufgesperrt wird.

Hier und dort begrüßen Weiderinder neugierig die Wanderer.

Nur wenige Minuten später ▸ ***zweigt rechts eine Straße Richtung Blomberg-Talstation ab***, die uns nach einem kurzen Stück durch den Wald am Golfplatz vorbei ▸ ***hinauf nach Reit*** führt. Diesmal öffnet sich die Perspektive nach Osten und zeigt die Kurstadt Bad Tölz von einer ganz neuen Seite. Am ▸ ***Reiterbauernhof***, der anschaulich vom landwirtschaftlichen Baustil des 18. Jahrhunderts zeugt, geht es fröhlich vorbei. Im Spätsommer stehen hier der Bauerngarten und die Blumenbeete in voller Blüte, dazwischen tollen junge Katzen, die auf Schmetterling-Fang gehen. Eine selten gewordene Idylle, in der man übrigens auch Ferienwohnungen mieten kann.

Unser Weg biegt ▸ ***hinter dem Bauerngarten links ab*** und eröffnet uns noch einmal einen großzügigen Blick über die Felder hinüber nach Bad Tölz und zum Blomberg. Der ▸ ***Feldweg bringt uns nun wieder zum Wald***. Sobald wir einen zweiten Viehzaun hinter uns gelassen haben, schauen wir uns ein bisserl um, damit wir rechts die plätschernde Quelle nicht verpassen wie auch links den imposanten Ahorn, der wohl durch einen Blitzschlag ausgehöhlt wurde und trotzdem weiter mächtig nach oben wächst.

Wir bleiben vorerst unserem Waldweg treu, der noch ein letztes Mal ein bisserl ansteigt und schließlich auf die ▸ ***unbeschilderte Abzweigung nach links hinab*** zum Ausgangspunkt trifft.

Ausblicke in alle Himmelsrichtungen machen diese Runde so abwechslungsreich.

Bald ▸ ***erreichen wir das schon bekannte Stallau*** und von dort auch den ▸ ***Parkplatz***. Hier haben wir die Gelegenheit, die Rodelbahn des Blombergs zu testen oder den umliegenden Biergärten einen Besuch abzustatten und den fröhlichen Ausflug mit einem geselligen Essen zu krönen.

Das Salz in der Suppe

ab 6 Jahren

Es gab einmal ein Dorf, das veranstaltete alljährlich ein großes Fest. Ein jeder war eingeladen, galt es doch, das gemeinsame Dorfleben zu feiern und zu stärken. Die Vorbereitungen begannen schon einige Tage vorher und alle waren dazu aufgerufen, etwas zum leckeren Eintopfessen beizutragen. So kamen die Dorfbewohner herbei und brachten, was ihre Gärten im Herbst hergaben: Sellerie, Lauch, Karotten, Kartoffeln, Fenchel, Zwiebeln und allerhand weiteres Gemüse. Dazu sollte ein jeder noch eine ordentliche Prise Salz in den riesigen Kochtopf geben, damit das Essen auch die richtige Würze habe.

Endlich war alles vorbereitet. Eine riesige, schön gedeckte Tafel erwartete die Feiernden. Der dampfende Topf stand schon bereit, als sich alle um die Plätze scharten. Und als auch der letzte einen Stuhl samt Teller und Löffel ergattert hatte, konnte es losgehen und ein jeder bekam seinen Anteil gereicht.

Der Bürgermeister erhob kurz seine Stimme zu einer lobenden Ansprache und wünschte schließlich allen ein weiterhin gutes Miteinander und besten Appetit. Schon war fröhliches Geplauder und das Klappern der Löffel zu hören – als sich auf einmal Schweigen über die große Dorfgemeinschaft legte. Denn die Suppe schmeckte ... nach gar nichts!

Klar, das Gemüse hatte schon seinen Geschmack dazugegeben, aber von Salz keine Spur. Alle blickten verschämt auf ihre Teller und alsbald war jedem klar, was geschehen sein musste. Anscheinend hatte jeder geglaubt, dass es auf sein Körnchen Salz nicht ankommen würde. Vielmehr würden die anderen schon für die passende Würze sorgen und man selbst, könne sich dieses kostbare Gut sparen. Peinlich berührt schwiegen nun alle.

Schließlich räusperte sich der Bürgermeister und rettete die Situation, indem er brummte: „Ja sowas, da muss ich doch gestern – ganz aus Versehen – glatt Mehl statt Salz erwischt haben." Er schüttelte den Kopf und fügte an: „Ich gehe gleich los und hole noch einmal einen ordentlichen Beitrag für diese wunderbare Suppe!"

Kaum war er verschwunden, kehrte er auch schon mit einer Handvoll Salz zurück, die er betont langsam und mit aufforderndem Blick in die Runde in den Topf rieseln ließ. So eilten sie alle nach Hause und kamen mit ihrem Beitrag zurück.

Tja, und was soll ich sagen: Nachdem nun alle ihren Teil dazu beigetragen hatten, schmeckte der Eintopf so köstlich – ach, ich glaube, du und ich, wir wären auch nur allzu gern dabei gewesen.

09

Peretshofener Runde

Atem schöpfen bei atemberaubender Aussicht

1:40 h Gehzeit – 6,5 km Länge – 67 hm

Einfach einmal Atem schöpfen! Wie oft wird einem der Alltag zu klein, zu eng und man hat das Gefühl, kaum Luft zu bekommen. Nun, bei dieser Panorama-Runde geht einem nicht nur das Herz auf, sondern der ganze Körper weitet sich bei so viel Horizont und Gebirgsblick. Ein Geheimtipp ist die Peretshofener Höhe allerdings schon lange nicht mehr und somit ist ein Frühstart oder ein sonniger Wochentag für diese Tour zu empfehlen.

Aus Rücksicht auf die Bewohner des frequentierten Örtchens parken wir nicht direkt im Dorf, sondern benutzen den ▸ *Wanderparkplatz am Steinsberger Weg*, der ohnehin direkt an unserer Runde liegt. Von hier aus geht es munter diese Straße ▸ *Richtung Süden zum Kirchturm hin*, der uns auch gleich die erste sehenswerte Station beschert. Die Chorturmkirche aus dem 15. Jahrhundert birgt wertvolle gotische Fresken aus dem Jahr 1430, die das Leben Marias darstellen. Auch außerhalb der Gottesdienstzeiten ist die Kirche geöffnet und der Vorraum begehbar. Gut in Szene gesetzt wurden die Wandmalereien übrigens auch im Spielfilm „Zimtstern und

Halbmond“ von 2010, für den der Weihnachtsgottesdienst in der Filialkirche Mariae Geburt gedreht wurde.

Zahlreiche Gelegenheiten zum Ausruhen mit atemberaubendem Blick bietet die Peretshofener Runde.

Aus südlicher Richtung winken schon der Maibaum und das dahinter aufragende Bergpanorama zum umliegenden Friedhof herüber und lenken uns ► ***am Huberwirt vorbei auf den Stockacher Weg***. Wem jetzt der Magen knurrt, der kann freilich auch mit einer deftigen Mahlzeit starten und den Verdauungsspaziergang hinten dranhängen.

Kaum haben wir das letzte Haus in Peretshofen und ein kunstvoll restauriertes Wegkreuz (siehe S. 2) hinter uns gelassen, kann man gar nicht anders, als staunend stehen zu bleiben und sich an dieser atemberaubenden Kulisse zu erfreuen: Der Blick reicht von den Chiemgauer Bergen übers Kaisergebirge, das Karwendel, dahinter die Stubaier Alpen, bis zum Wetterstein mit Zugspitze und zu den Ammergauer Alpen. Wer die Namen der einzelnen Gipfel lernen möchte, hat später auf der Peretshofener Höhe noch die Gelegenheit dazu. Nur ein bisserl Zeit sollte man – bei dieser unglaublichen Vielzahl an Gipfeln – dafür mitbringen!

Diese herrliche Sicht wird uns auf dem weiteren ► ***Stockacher Weg hinab*** begleiten. Die kleine Bank links am Gartenzaun kommt da gerade recht, um sich mit den kurzen Gedanken von Christian Morgenstern auf unseren entspannten Spaziergang einzustimmen ✧ **Gedicht S. 78**.

Ein Erlebnis für Kunstgenießer: die alten Fresken im italienischen Stil, die die Chorturmkirche Mariae Geburt schmücken.

Oberbayerische Idylle eines Künstlerdorfs: Kirche, Wirtshaus und Maibaum!

Nach etwa einer Viertelstunde ▸ ***überqueren wir die Landstraße*** und gehen etwas nach links versetzt auf der ▸ ***Straße nach Punding weiter in Richtung Süden***. Der Weg schwingt sich einen sanften Hügel hinauf, um uns gleich darauf wieder die nächste herrliche Aussicht zu präsentieren. Die Gehöfte des Weilers Punding haben wir links liegen gelassen und nun fällt die Straße, die uns nach Bairawies führen würde, erneut etwas ab. Kurz nach der Kuppe zweigt nun ein ▸ ***Feldweg nach rechts*** ab und wir schlendern zwischen blühenden Wiesen ▸ ***westwärts***.

Bei der nächsten Straße, auf die wir treffen, gehen wir wiederum ***rechts***, sodass uns dieser ▸ ***Weg „Auf der Tränke" nach Rampertshofen*** bringt, einer sehr alten Ortschaft, die bereits im 11. Jahrhundert urkundlich erwähnt wird und deren Gründung wohl noch um einiges länger zurückliegen dürfte. So hat man beim spätgotischen Georgskirchlein mit dem barocken Zwiebelturm Tuffsteingräber gefunden, die darauf schließen lassen, dass die Wurzeln des Gotteshauses viel tiefer in die Vergangenheit reichen, womöglich sogar bis zu einem heidnischen Heiligtum an dieser exponierten Stelle am Steilhang über der Isar. Der Sage nach habe es hier früher ein Schloss gegeben, das unterirdisch gar mit Eurasburg und Harmating verbunden gewesen

Alte Tuffsteingräber um die St. Georgskirche erzählen von der über 1000 Jahre alten Geschichte Rampertshofens.

Peretshofener Runde

1:40 h Gehzeit – 6,5 km Länge – 67 hm

Ausgangspunkt in 83623 Peretshofen:

Parkplatz nördlich von Peretshofen, Steinsberger Weg, neben der Pflanzenkläranlage

Weg:

Straßen und Feldwege; sonnig, das ganze Jahr über begehbar. Unbeschildert, aber leicht zu finden.

Besonderheiten:

- Sonnengeflutete Wiesen
- Aussichtspunkte
- Sensationeller Panoramablick
- Filialkirche Mariae Geburt in Peretshofen mit Opferkerzen
- St. Georg in Rampertshofen mit altem Friedhof

Einkehr:

- Huberwirt Peretshofen
  Tel.: 08027-9042930
- Café Liebelei in Bairawies
  www.patisserie-liebelei.de

Zuganfahrt:

S-Bahn bis Deisenhofen, Bus 381 Richtung Geretsried, Ausstieg „Peretshofen"

Variationen:

Verkürzen lässt sich die Runde, indem man sie halbiert: einmal in den südöstlichen Teil durch Rampertshofen, einmal in den nordwestlichen auf die Peretshofener Höhe. Verlängern kann man die Tour über umliegende Feldwege in alle Richtungen.

Tipps:

- Trachten Redl in Einöd
  www.trachten-redl.de

Tourist-Info:

Am Richteranger 10
83623 Dietramszell
Tel.: 08027-90580
E-Mail: gemeinde@dietramszell.de
www.dietramszell.de

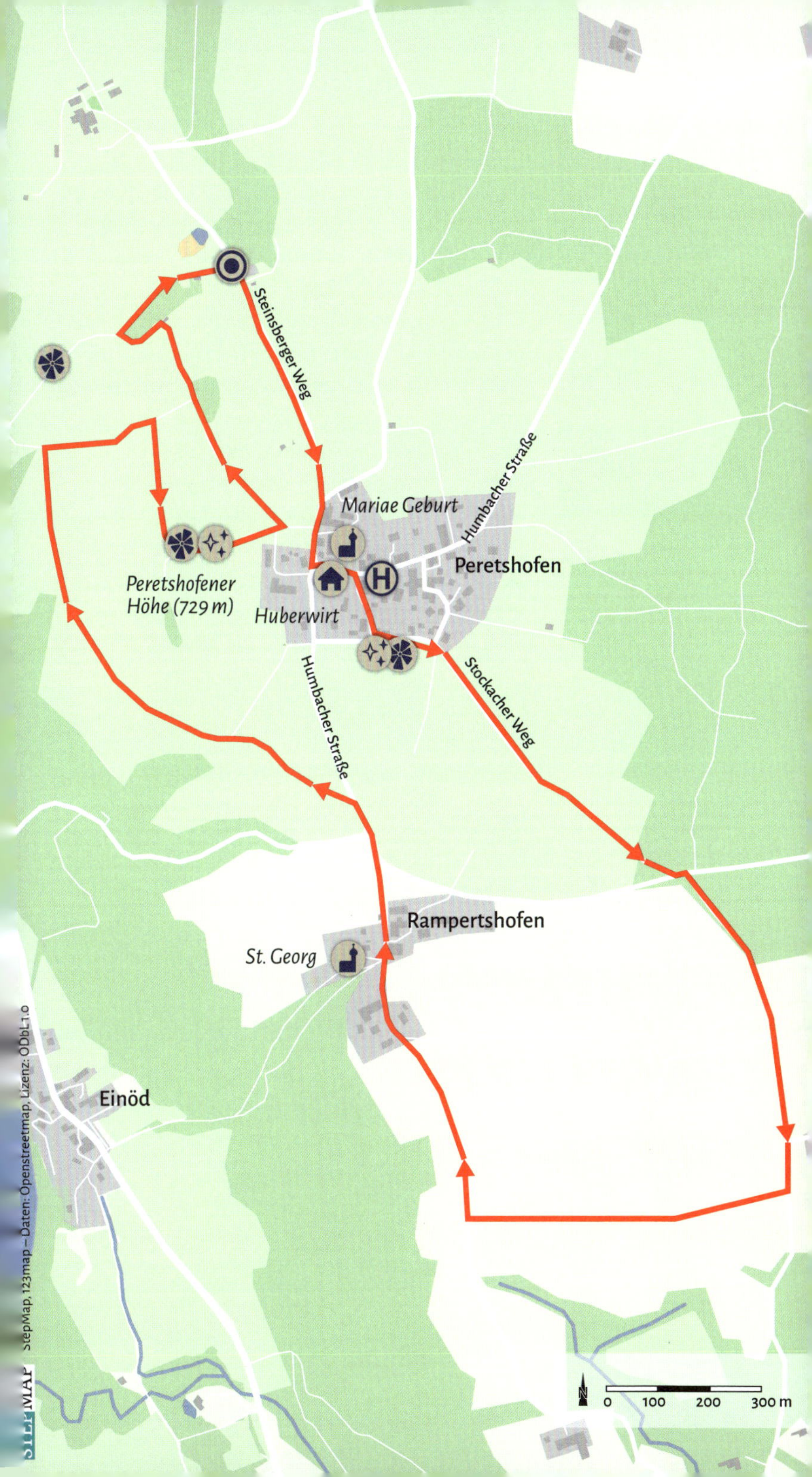
Steinsberger Weg
Humbacher Straße
Mariae Geburt
Peretshofen
Peretshofener
Höhe (729 m)
Huberwirt
Stockacher Weg
Humbacher Straße
Rampertshofen
St. Georg
Einöd
0
100
200
300 m
STEPMAP
StepMap, 123map – Daten: Openstreetmap, Lizenz: ODbL1.0

Im Winter, wenn die verschneiten Wiesen begehbar sind, ist die Weite grenzenlos.

sein soll. Sehr mystisch das Ganze! Die leider meist verschlossene ▸ ***St. Georgskirche*** finden wir inmitten des kleinen Örtchens, wo uns ein dicht umwucherter Feldweg links neben ausgestellten Landmaschinen zu dem malerischen Friedhof und dem Gotteshaus geleitet.

Die Zielrichtung der weiteren Runde ist von hier aus leicht auszumachen: Nun geht es zurück auf die ▸ ***Dorfstraße und dann am Straßenrand hinauf Richtung Peretshofen***. Nur wenige Meter spazieren wir an der Kreisstraße TÖL 23 entlang, dann wählen wir schon den ▸ ***Feldweg, der nach links*** sanft um die Peretshofener Höhe erst westlich und dann nach Norden verläuft. Am nächsten Feldweg haben wir ▸ ***zwei Möglichkeiten***: ***rechts herum den direkten, steilen Aufstieg*** auf den Bergrücken oder ▸ ***links herum*** mit einer kleinen Zwischenschau von einem weiteren Aussichtspunkt. Ganz gleich, beide Wege führen schließlich zur ▸ ***Aussichtskanzel südlich von uns***, die ursprünglich von sechs Eschen gekrönt wurde. Der Legende nach waren es drei Paare, die hier einst ihre Freundschaft mit dem Pflanzen der Weltenbäume besiegelt haben. Inzwischen stehen nur noch fünf der Baumriesen und einer davon

Aber auch im Sommer verlocken die weitläufigen Wege zwischen sattem Grün.

ist ebenfalls schon etwas gestutzt. Ob das auch etwas über die einstigen Begründer dieses Hains erzählt, bleibt der Deutung des Betrachtenden überlassen.

Da die kleine Bauminsel, insbesondere im winterlichen Weiß, wie eine Oase inmitten der Wiesen liegt, hat bei diesem Spaziergang eine alte Parabel aus dem Orient ihren Platz gefunden. „Die Palme“ liest sich auf den ersten Blick eher etwas widerborstig, ruft sie doch dazu auf, demjenigen zu danken, der einem das Leben schwer gemacht hat. Auf den zweiten Blick jedoch offenbart sich die großartige Kunst, aus den Steinen, die einem in den Weg gelegt werden, ein solides, starkes Lebenshaus zu bauen **Geschichte siehe unten**.

Konkrete Informationen zum gebotenen Ausblick hat das Heft des Isartalvereins zu bieten, das an einer der Aussichtsbänke befestigt ist und jedem, der die Muße hat, hier ausgiebig zu verweilen, einen Gipfel nach dem anderen erklärt. Wer statt Wissenshunger lieber den echten stillen möchte, der kann an diesem Ort auch trefflich Brotzeit machen. Oder doch später noch einmal beim Huberwirt vorbeischauen, bevor es dann auf dem Steinsberger Weg zurück zum Auto geht. Alternativ kann man auch den ▸ ***Feldweg auf dem östlichen Kamm des Bergrückens nach Norden*** wählen und dann den ▸ ***rechten Abzweig*** zum Parkplatz nehmen.

Die Palme

ab 6 Jahren

Nach einem afrikanischen Märchen

Inmitten der Wüste lag einst eine malerische Oase. Wie ein kleines Paradies wirkte sie dort in der Einöde. Palmen unterschiedlichster Größe wuchsen um eine sprudelnde Quelle, die auch prächtige Blumen im Schatten der großen Bäume gedeihen ließ. Vögel flogen aus allen Himmelsrichtungen heran und pfiffen in den grünen Blätterdächern ihre Lieder.

Doch eines Tages legte sich ein Schatten über diese Oase. Denn Ben Sadok kam auf einem Kamel angeritten, ein düsterer, vergrämter Mann, dem ein dunkler Ruf vorauseilte. Er war so verhärmt, dass er keine Schönheit, keine Freude neben sich ertragen konnte. Und kaum hatte er den Palmenhain erreicht, machte er sich schon daran, die Anmut der Oase zu zerstören. Er trat die Blumen nieder und schüttete die Quelle mit Sand zu. Schließlich nahm er den größten Stein, den er tragen konnte, und legte ihn einer kleinen Palme genau in die Krone ihrer Blätter. Selbstzufrieden sah er zu, wie sich der Stamm des Bäumchens unter der ungeheuren Last bog und zu brechen drohte. Schließlich ritt Ben Sadok mit einem gehässigen Lachen davon…

Die Jahre vergingen. Die Quelle erholte sich glücklicherweise wieder und so blieb die Oase erhalten. Und irgendwann kam Ben Sadok wieder dort vorbei. Düster und hasserfüllt wie eh und je. Sofort verscheuchte er die singenden Vögel und riss die Blumen aus dem Sand. Dann erinnerte er sich, dass er doch einst dieser kleinen Palme den schweren Stein auf den Kopf gelegt hatte. Also suchte er im Schatten der Bäume nach dem verkrüppelten Stamm von damals. Aber er konnte nichts finden.

Stattdessen hörte er auf einmal von ganz weit oben eine Stimme. Ja, die größte und mächtigste Palme von allen neigte sich zu ihm und sprach: „Ben Sadok, suchst du mich? Die kleine Palme, der du damals in deiner Missgunst den schwersten Stein, den du tragen konntest, in die Krone gelegt hast? Schau her, hier ist er!"

Die riesige Palme beugte sich langsam zu dem finsteren Mann hinunter. Und zu seiner Verblüffung entdeckte Ben Sadok einen Steinbrocken zwischen ihren Zweigen. „Ja", ertönte da wieder die Stimme, „du hast mir das Leben sehr schwer gemacht. Aber ich möchte dir danken, Ben Sadok, denn dadurch habe ich meine Wurzeln noch tiefer in die Erde geschoben. Ich habe die tiefsten Quellen erreicht und den kraftvollsten Stamm von allen entwickelt. Damit habe ich mich über jeden Schatten erheben können und strecke mich seither dem Licht entgegen. Und nun gehe in Frieden!"

Den Puls des eigenen Herzens fühlen.
Ruhe im Innern,
Ruhe im Äußern.
Wieder Atem holen lernen,
Das ist es.
Christian Morgenstern (1871–1914)

10

Isar-Fischbach-Runde

Weiler, Weitsicht und Wirtshaus

1:20 h Gehzeit – 4,8 km Länge – 117 hm

Einen vergnüglichen Sonntagsspaziergang mit charmanten Ausblicken und Wegen verspricht diese eher unbekannte Runde oberhalb der Isar bei Bad Tölz. Eigentlich gehört dieses Gebiet schon zu Oberfischbach, Gemeinde Wackersberg, deshalb kann die örtliche Bestimmung bei der Anfahrt für manche verwirrend sein. Etwas unübersichtlich wirken auf den ersten Blick auch die Wege, doch sind sie letztlich gut ausgeschildert und mit ein paar Orientierungshilfen leicht zu finden.

Wir starten an dem ▸ *kleinen Parkplatz nahe dem Isarkraftwerk*, der unten ausführlich beschrieben wird. Direkt neben einer großen Ortskarte wartet ein dunkelgrüner ▸ *Wegweiser* mit der Aufschrift ▸ *„Fischbach über Isarstaudamm HK 21“* und schickt uns gleich einen ▸ *steilen Anstieg* durch den Laubwald hinauf ▸ *Richtung Westen*. Nach wenigen Metern ▸ *wendet sich der Kiesweg nach Norden* und bringt uns innerhalb von zehn Minuten auf die ▸ *Anhöhe von Abberg*. Einige alte Bauernhäuser ziehen unsere Aufmerksamkeit auf sich und wir müssen aufpassen, dass wir das ▸ *grüne Schild*

Bald schon ist der Weiler Prösteln mit Kapelle und Bergblick erreicht.

nicht verpassen, das uns ▸ *nach links* an einer Pferdekoppel vorbei auf die Wiesen führt. Nach dem Holzzaun geht es ▸ *gleich wieder rechts* und ein schmaler Pfad lenkt unsere Schritte durch die Weiden hinauf zum bezaubernden ▸ *Weiler Prösteln*. Schon nach 20 Minuten haben wir die ▸ *kleine Feldkapelle* erreicht, die wohl seit der 1. Hälfte des 19. Jahrhunderts hier steht und in den Sommermonaten geöffnet ist. Daneben steht eine Bank, die für eine kleine Pause mit der augenzwinkernden Erzählung vom „Enterich, der Gedanken lesen konnte“ wie geschaffen ist **Geschichte S. 86**.

Von der Feldkapelle aus setzt sich unser Weg wenige Meter nördlich versetzt ▸ *in Richtung Westen* fort. Unbeschwert läuft der ▸ *Wiesenweg* hier etwas abschüssig ▸ *zum Wald hinab* und lässt uns weit über die nördlich liegenden Hügel schauen. Wälder, Weiden und Weiler wechseln einander fröhlich ab und vielerorts grüßen hell und freundlich alte Bauernhäuser und so mancher Kirchturm herüber.

Liebevoll ausgestaltet lädt das kleine Kircherl zur Andacht ein.

Eine Kirche ist nun auch unser Ziel. Denn der Ortsteil Fischbach besteht im Grunde nur aus einem Gotteshaus und einem Gasthof. Um dorthin zu gelangen, folgen wir weiter der ▸ *Beschilderung*, die uns kurz ▸ *durch den Wald*, dann ▸ *am Feldrand entlang* und schließlich eine ▸ *Treppe zwischen den Bäumen hinunter* nach Fischbach lotst. Am Ende der Stufen geht es ▸ *geradeaus weiter*, bis uns die ▸ *Teerstraße* in Empfang nimmt. ▸ *Links davon* liegen ▶ *das Gottes- und das Gasthaus*. Der hübsche Kirchenbau stammt aus dem 17., die stuckreiche Ausgestaltung überwiegend aus dem 18. Jahrhundert. Barocke Formen begegnen uns im Wirtshaus nebenan vor allem auf den Tellern, die mit deftigem Essen in großen Portionen aufwarten. Ein beschaulicher Biergarten rundet das Einkehrvergnügen ab, bevor es an den zweiten Teil der Runde geht.

Neben alten Obstbäumen ragt der Kirchturm von St. Johannes in Fischbach auf.

Wer die hier vorgestellte Tour verlängern möchte, kann gleich vom Gasthaus aus Richtung Osten hinuntergehen, dann dem Weg nach Lechen und von dort an die Isar folgen. Für uns reicht eine kleinere Tour und so ▶ ***kehren wir erst einmal um*** und spazieren den gleichen Weg ▶ ***bis zum unteren Ende der Treppe*** zurück. Hier zweigt ein ▶ ***Waldpfad nach rechts*** ab. Er nimmt uns kurz auf ebener Strecke mit, steigt dann für ein paar Minuten steil an und läuft dann wieder moderat weiter. Immergrüne Fichten sorgen rund ums Jahr für Schatten, Efeu umrankt die Stämme. Unvermutet hat hier ein kleiner Marienaltar seinen Platz auf einem Baumstumpf gefunden.

Wir ziehen weiter, lassen das Schild mit dem Abzweiger Richtung Prösteln unbeachtet

Ein paar Stufen führen uns hinunter nach Fischbach und zu seinem Ensemble aus Gotteshaus und Wirtschaft.

Ein himmlischer Platz zum Ausschau und Innehalten: die kleine Hofkapelle vom Weiler Prösteln

und folgen dem ▸ ***Hinweis nach Haunleiten***, vorbei an mächtigen Solitärbäumen und im Frühling an Feldern von Märzenbechern. Haunleiten ist schnell erreicht und besteht ebenfalls nur aus einer Handvoll Gebäuden, darunter eine Unterkunft des Alpenvereins. Neben ihr befindet sich eine kleine ▸ ***barocke Kapelle*** aus der 2. Hälfte des 17. Jahrhunderts, die leider meist verschlossen ist. Dahinter öffnet sich die Sicht nach Osten über die Isar zum Tölzer Gewerbegebiet Farchet.

Im Frühling und im Herbst lohnen sich die schmalen Wege durch den Wald am meisten.

Von Haunleiten aus gäbe es wiederum die Möglichkeit, die Tour zu erweitern, indem man dem Abzweiger nach Bürg folgt, der etwa 200 Meter unterhalb des Weilers nach rechts weist. Da man später jedoch einen längeren Rückmarsch neben der vielbefahrenen Straße „Am Hoheneck" in Kauf nehmen müsste, ▸ ***bleiben wir auf der Straße*** und erfreuen uns sehr bald am Blick auf die Isar, die je nach Jahreszeit smaragd-, türkis- oder auch mintgrün leuchtet.

Unten ▸ ***an der Isar*** angekommen, biegen wir ▸ ***links ab*** und haben schon unseren ▸ ***Parkplatz*** im Visier, den wir in fünf Minuten erreichen – vorausgesetzt wir lassen uns nicht von einem der verführerischen Uferplätze locken, die am träge dahinfließenden Wasser des Stausees zum Verweilen einladen.

Je nach Wetter und Jahreszeit leuchtet die Isar in den sattesten Farben zwischen Jadegrün und Himmelblau.

Isar-Fischbach-Runde

1:20 h Gehzeit – 4,8 km Länge – 117 hm

Ausgangspunkt in 83646 Wackersberg:

Parkplatz an der Kreisstraße TÖL 7. Bad Tölz bzw. das anschließende Oberfischbach Richtung Königsdorf verlassen, zwischen Ortsschild und Isarkraftwerk ist links der kleine Parkplatz. Falls dieser überfüllt ist, in Fischbach parken und von dort aus starten: Fischbach 47, Parkplatz gegenüber der Kirche.

Weg:

Forstweg, Wiesen- und Waldpfad, Treppe und Straße; teils sonnig, teils schattig, bei Regen oder reichlich Schnee nicht empfehlenswert.
Großteils beschildert.

Besonderheiten:

- Sonnige Wiesen
- Luftige Wälder
- Malerische Weiler
- Weite Ausblicke
- Isar-Ufer
- Feldkapelle Prösteln
- Kirche St. Johannes in Fischbach
- Kapelle Haunleiten

Einkehr:

- Landgasthof Fischbach www.gasthaus-fischbach.de
- Gastronomie Wackersberg und Bad Tölz

Zuganfahrt:

Zug bis Bad Tölz, Bus 379 nach Wolfratshausen, Ausstieg „Valtl, Abzw. Haunleiten“

Variationen:

Verkürzen kann man die Runde, indem man von Prösteln gleich links nach Haunleiten abbiegt. Verlängern kann man sie über Lechen und Bürg (in diesem Fall lohnt sich der Parkplatz P4 an der Königsdorfer Straße in Bad Tölz). Oder man geht am Ende an der Isar weiter nach Süden in die Kurstadt, zurück über den aussichtsreichen Kalvarienberg oder den Isarsteg, dann an der östlichen Flussseite entlang und über das Isarkraftwerk zurück zum Ausgangspunkt.

Tipps:

- Kräuterstüberl Glaswinklerhof www.kräuter-stüberl.de
- Isarkraftwerk
- Tölzer Kalvarienberg
- Badeplätze an der Isar
- Kurstadt Bad Tölz mit der historischen Marktstraße, Läden, Cafés und Museen

Tourist-Info:

Bachstraße 8
(Ortsteil Oberfischbach)
83646 Wackersberg
Tel.: 08041-799280
E-Mail: info@wackersberg.de
www.wackersberg.de

Prösteln
Fischbach
St. Johannes
Abberg
Isarkraft-
werk
Isar
Lechen
Voglsang
Haunleiten
Oberfischbach
0
100
200
300 m

Der Enterich, der Gedanken lesen konnte

ab 6 Jahren

Frei nach einer Geschichte von
Alan Cohen aus dem Buch „Es gibt hier keinen Drachen mehr"

In einem Landhaus lebte einmal ein Enterich namens Pete, der eine ganz besondere Gabe hatte: Er konnte die Gedanken der Menschen lesen – so sagten es zumindest seine Besitzer augenzwinkernd. Pete trug ein weißes Federkleid, saß den lieben langen Tag vor der Haustür und antwortete jedem, der vorbeikam.

Nebenan wohnte zum Beispiel eine namhafte Sängerin und jedes Mal, wenn sie Pete hörte, begrüßte sie ihn mit den Worten: „Guten Morgen, Pete! Wie schön, dass du mir wieder ein Liedchen singst!" Pete quakte ihr munter hinterher.

Ein anderer Nachbar, ein sehr fülliger, stattlicher Mann, schüttelte stets den Kopf, wenn er das Geschnatter hörte, und sagte dann streng: „Aber Pete, du willst immer nur eines: essen, essen, essen ..."

Gelegentlich kam der Pfarrer des Ortes vorbei. Er nickte dann gefällig, wenn der Enterich wie gewohnt schnatterte und lobte anerkennend: „Ganz richtig, Pete, bete fleißig, das ist die beste Art, Gott zu loben!"

Einmal war auch ein gelehrter Philosoph zu Gast in Petes Haus. Er erwiderte das Gequake auf seine Weise: „So viele Fragen hast du, lieber Pete, so viele Fragen. Vielleicht solltest du eine andere Ente an deine Seite bekommen, damit sie dir Antworten geben kann!" Unbeeindruckt quakte Pete weiter.

Und manchmal wackelte eine alte Nachbarin am Gartenzaun vorbei, die stets eine Weile stehen blieb, wenn der Enterich mit seinem Gequake begann. Dann sagte sie: „Gell, Pete, es ist schön, wenn einem jemand zuhört und man nicht ganz so alleine ist." Und Pete quakte fröhlich zurück ...

11

Wackersberger Runde zum Tölzer Belvedere

Ein Tanz zwischen Sonne und Schatten

1:15 h Gehzeit – 4,2 km Länge – 40 hm

Sonnen- und Schattenwege ergänzen sich bei diesem Spaziergang auf wunderbare Weise. Dazu eröffnen sich die unterschiedlichsten Ausblicke auf den Isarwinkel, sodass diese Runde besonders in der blattlosen Jahreszeit viel Weite bietet. Bei Regen oder Schneematsch ist allerdings etwas Vorsicht geboten. Da könnte es im zweiten Teil der Strecke ziemlich rutschig werden. Im Frühjahr und Herbst hingegen bestechen gerade diese Abschnitte in den Wäldern mit fröhlicher Farbenpracht.

Vom ▸ ***Wanderparkplatz am ehemaligen Forsthaus*** von Wackersberg aus starten wir zuerst ▸ ***nach Westen***, an einer hellgelben Villa und zwei weiteren Häusern vorbei. Danach weist uns ein grünes Schild zum ▸ ***„Heilklima-Rundwanderweg HK 25“*** nach ▸ ***links Richtung Süden*** zum Sonnershof. Schon grüßen die Berge jenseits der Weiden zu uns herüber. Juifen, Demeljoch, Brauneck und Benediktenwand reihen sich kraftvoll hinter der Silhouette des kleinen Dorfs auf. In Sonnershof biegen wir erneut nach ▸ ***links auf eine Teerstraße*** ein, diesmal beschildert ▸ ***Richtung Wackersberg***.

Goldgerahmt: Im Herbst lässt die Farbenpracht der Buchenwälder keine Nuance zwischen Ocker und knalligem Orange aus.

Bevor an der Burgernstraße das erste Häuschen erscheint, führt ein ▸ *Fußweg links in den Mischwald* hinein, erneut mit „Heilklima-Rundwanderweg HK 25" beschildert. Er nimmt uns mit hinauf zur ▸ *Wackersberger Straße*, wo wir schon etwa die Hälfte der kleinen Runde hinter uns haben. Auf dem Fußgängerweg auf der gegenüberliegenden Straßenseite gehen wir ▸ *rechts weiter* und erreichen nach etwa 300 Metern den ▸ *Abzweiger zum Spielhahnjäger-Denkmal*. Ein entsprechendes grünes Schild nimmt uns hier in Empfang – neben dem durchaus zu beachtenden Hinweis, dass die vor uns liegenden Waldwege im Winter nicht geräumt werden.

Zwischen Kuhweide und Laubbäumen lenkt ▸ *ein schmaler Weg* unsere Schritte ▸ *nach Nordost*. Manche Abzweigung auf der linken Seite bleibt von uns unberücksichtigt; wir folgen beharrlich dem Pfad geradeaus oder eben der Beschilderung zu unserem Ziel. Nach einer kleinen Erinnerungsstätte für eine 1898 hier Ermordete stößt unser Weg auf ▸ *eine Gabelung*, die unübersehbar von einer wild verwachsenen, mächtigen Buche gekennzeichnet ist. Hier wenden wir uns ▸ *nach rechts* und folgen dem Waldweg, bis uns nach wenigen Minuten ▸ *linkerhand ein kurzer Pfad* die letzten Meter bis zum Ort des ▸ *Denkmals* weist, wo sich uns eine beeindruckende Aussicht auf die Isarstadt Bad Tölz eröffnet. Durch eine Allee aus Linden geht es auf das mit schweren Steinen gefasste Halbrund der Erinnerungsstätte,

Je nach Jahreszeit geht es unter lichtem Geäst oder dichtem Blätterwald dahin.

Bei mäßigem Schnee lässt sich die Runde auch im Winter drehen – und die Aussicht auf Bad Tölz genießen!

das der gefallenen und vermissten Soldaten der Spielhahnjäger gedenkt, die 1940 als Wehrmachts-Division in Bad Tölz stationiert wurden. Ursprünglich wurde dieser Platz auf dem sogenannten Studentenbichl von einem malerischen Pavillon gekrönt und trug bezeichnenderweise den Namen „Belvedere". Die schöne Aussicht gibt es bis heute, wenngleich der Platz durch die steinerne Gedenkstätte für die im Krieg gefallenen Soldaten eine völlig andere Atmosphäre bekommen hat. Deshalb mögen an diesem Ort zwei ganz unterschiedliche Gedichte zum Thema „Frieden" als Anregung dienen, einmal eines von Ludwig Thoma, und ein zweites von Laotse **Gedichte S. 91**.

Knorrige Linden flankieren den Pfad zum aussichtsreichen Platz des Spielhahnjäger-Denkmals.

Von hier aus bieten sich zwei Rückwege an: Eine Möglichkeit ist, den gleichen Weg bis fast an die Wackersberger Straße zurückzugehen, kurz davor über das kleine Brückerl nach rechts abzubiegen und dann dem Franz-Edler-von-Koch-Weg bis zu unserem Ausgangspunkt am ehemaligen Forsthaus zu folgen.

Da sich aktuell südlich des Weges eine Großbaustelle befindet, bietet sich aus meiner Sicht eher die Alternative nördlich davon an. Dazu gehen wir ▶ ***vom Denkmal den Weg zurück*** bis zur ▶ ***Gabelung*** an der verwunschenen Buche. Hier nehmen wir zuerst ▶ ***geradeaus einige Stufen hinunter***

„Belvedere", einer der schönsten Aussichtsplätze über die Isar und Bad Tölz!

Richtung Tölz, schwingen uns dann aber gleich ▸ ***wieder die kurze Treppe auf den gegenüberliegenden Hang hinauf***, auf dem uns eine Bank erwartet – und ein kleiner grüner Schilderwald, der uns unter anderem den Weg nach ▸ ***„Bad Tölz über Pfaffengraben, W3"*** weist. Dieser bringt uns ▸ ***kurz in südlicher Richtung*** und dann ▸ ***rechts nach Westen einen kleinen steilen Steig hinunter*** in den Pfaffengraben. Insbesondere im Herbst schillert hier das Laub zu allen Seiten in prächtigstem Gold, in Ocker und Bronze.

Dann geht es ebenso ▸ ***steil wieder hinauf***, bis der ▸ ***Weg „W3" unauffällig beschildert rechts kurz abfällt*** und dann ▸ ***meist eben oberhalb der Bundesstraße*** verläuft. Wer den Abzweiger verpasst hat, muss nicht nervös werden, denn er stößt oben auf den Franz-Edler-von-Koch-Weg und gelangt in westlicher Richtung ebenso sicher zum Startpunkt zurück.

Dem ▸ ***Waldweg „W3" folgen wir nach Westen bis zur Gabelung unterhalb des ehemaligen Forsthauses. Dort geht es dann einmal links*** um das Grundstück herum. ▸ ***Rechts von uns kommt schon der Parkplatz in Sicht*** und damit wieder die sonnige Weite der Wackersberger Höhe.

Friede

Damit es Frieden in der Welt gibt,
Müssen die Völker in Frieden leben.

Damit es Frieden zwischen den Völkern gibt,
Dürfen sich die Städte nicht gegeneinander erheben.

Damit es Frieden in den Städten gibt,
Müssen sich die Nachbarn verstehen.

Damit es Frieden zwischen Nachbarn gibt,
Muss im eigenen Haus Frieden herrschen.

Damit im Haus Frieden herrscht,
Muss man ihn im eigenen Herzen finden.

Laotse
(vermutlich 6. Jahrhundert v. Chr.)

Wackersberger-Runde

1:15 h Gehzeit – 4,2 km Länge – 40 hm

Ausgangspunkt in 83646 Wackersberg:

Wanderparkplatz an der Wackersberger Straße (gegenüber der Wackersberger Straße 15)

Weg:

Gehweg, Kies- und Waldweg, Wurzelpfad, Straße; erst sonnig, dann schattig, bei Regen und Schnee ist der zweite Teil der Runde weniger empfehlenswert. Großteils beschildert.

Besonderheiten:

- Bergblick
- Bunter Mischwald
- Spielhahnjäger-Denkmal
- Schöner Aussichtspunkt über Bad Tölz

Einkehr:

- Bohmerhof Stub'n www.gut-bohmerhof.de/Bohmerhof-Stub-n/
- Altwirt Wackersberg www.altwirt-wackersberg.de
- Gastwirtschaft WaldherrAlm www.waldherralm.de
- Gastronomie Bad Tölz

Zuganfahrt:

Zug bis Bad Tölz bzw. Lenggries, per Bus nach Wackersberg, Ausstieg „Forsthaus".

Variationen:

Verkürzen lässt sich die Runde, indem man vom Startpunkt aus gleich dem Fußweg an der Wackersberger Straße nach Osten folgt, bis das Schild zum Spielhahnjäger-Denkmal abzweigt.
Verlängern kann man die Tour durch eine südlicher an der Wackersberger Straße gelegene Abzweigung zum Denkmal sowie über die weiteren Wanderwege in südlicher Richtung bis zur Pestkapelle und zum eigentlichen Ort Wackersberg.
Außerdem kann man über den Fußweg nach Bad Tölz einen Abstecher in die Stadt machen.

Tipps:

- Pfarrkirche St. Nikolaus
- Alte Bauernhäuser im Dorf
- Pestkapelle mit Opferkerzen
- Silberalm Deko & Geschenke www.silberalm.bayern

Tourist-Info:

Bachstraße 8
(Ortsteil Oberfischbach)
83646 Wackersberg
Tel.: 08041-799280
E-Mail: info@wackersberg.de
www.wackersberg.de

Bad Tölz
Silberalm
B 472
B 472
Spielhahnjäger-
Denkmal
Sonnershofweg
Sonnershof
Burgernstraße
Wackersberger Straße
Burgern
Bohmerhof
Wackersberg
0
100
200
300 m

Über die Heide geht der Wind;
Es flüstert im Gras, es rauscht in den Bäumen.
Die dort unten erschlagen sind,
Die vielen Toten, sie schweigen und träumen.

Hören sie nicht den Glockenklang?
Dringt nicht zu ihnen aus heiligen Räumen
Halleluja und Friedenssang?
Die vielen Toten, sie schweigen und träumen.

Voll des Dankes ist alle Welt,
Sie darf mit dem Lobe des Herrn nicht säumen;
Wer im Kampfe fiel, heißt ein Held.
Die vielen Toten, sie schweigen und träumen.

Wenn die Herrscher versammelt sind,
Bei festlichem Mahl lasst die Becher schäumen!
Über die Heide geht der Wind;
Die vielen Toten, sie schweigen und träumen.

Ludwig Thoma
(1867–1921)

12

Lenggrieser Kalvarienberg & Burgruine

Eine Zeitreise in die Vergangenheit

1:20 h Gehzeit – 4,3 km Länge – 82 hm

Diese beschauliche Runde klettert fröhlich über die kleinen Hügel von Hohenburg bei Lenggries. Man kann sie mit entspanntem Augenmerk auf die majestätischen Bäume und malerisch gelegenen Weiher gehen – oder mit besonderer Aufmerksamkeit auf die Spuren der Vergangenheit, die sich hier vor uns ausbreiten. Dabei begegnen uns historische Bauwerke und ihre Ruinen, wie eine mittelalterliche Burg, der Kalvarienberg oder das Schloss Hohenburg, aus dem 17. bzw. 18. Jahrhundert. Und wer etwas Fantasie mitbringt, kann sich die einstigen großartigen Anlagen und Bauten sehr lebhaft vorstellen.

Will man dem Ansturm der Bergwanderer an den Wochenenden entgehen, parkt man am besten an dem großen ▸ ***Parkplatz an der Karwendelstraße*** in der Lenggrieser Ortsmitte. Von hier aus ist der ▸ ***Großherzogin-Maria-Anna-Weg Richtung Süden*** gut beschildert und führt uns zuerst zwischen den blumenreichen Gärten alter Häuschen hindurch und schließlich unter den schützenden Zweigen einer Linden-Allee weiter, bis wir nach etwa zehn Minuten zum

Von 1665 stammt ein Teil der überlebensgroßen Kreuzigungsgruppe dieses historischen Kalvarienbergs.

Fuße des ► *Lenggrieser Kalvarienbergs* gelangen. Wer mit längerem Treppensteigen Mühe hat, der biegt hier links in den alten Hohlweg ein und folgt dem Waldweg weiter sanft bergauf Richtung Schlossweiher, bis nach ca. fünf Minuten zwischen den Bäumen ein unbeschilderter Pfad rechts etwas steiler abzweigt. Dieser endet später auf der östlichen Seite des Kalvarienbergs. Oder man nimmt die Teerstraße südlich davon und geht weiter bis zur St.-Dionysius-Kapelle, von der aus der Kalvarienberg Richtung Westen über die Nebenstraße bequem zu erreichen ist.

Alle anderen Spaziergänger werden von den symmetrisch angelegten ▸ ***Treppen und Fußwegen*** in munterem Wechsel höher und höher gebracht. Verschnaufpausen sind dabei empfehlenswert, um den anmutigen Blick über die Häuser von Lenggries und zum dahinter aufragenden Brauneck nicht zu verpassen. An mannshohen Kreuzwegdarstellungen geht es vorbei, bis wir das kleine ▸ ***Kalvarienberg-Plateau mit seinen beiden Kapellen*** erreichen.

1665 war hier bereits eine überlebensgroße Kreuzigungsgruppe vorhanden, von der ein Teil bis heute diesen Platz krönt. Graf Ferdinand Joseph von Herwarth war einer der Schlossherren auf

Magische Momente erschafft das Sonnenlicht in der kleinen Heilig Kreuz Kapelle.

der Hohenburg und ließ ab 1694 an dieser Stelle eines der ältesten Kalvarienberg-Ensembles errichten, das schließlich für den bekannten Tölzer Kalvarienberg als Vorlage diente. 1726 kam die Heilig Kreuz Kapelle mit ihrer heiligen Stiege im Innern dazu, einer Nachbildung der Scala Santa in Rom. Daneben bilden zahlreiche Votivbilder anschaulich das gefahrvolle Leben im Voralpenland ab bis hin zur Sendlinger Mordweihnacht des Jahres 1705. Sie erzählen zudem von Hoffnung, Vertrauen und Dankbarkeit der Isarwinkler, die hier Glück im Unglück erfuhren.

Im Frühling breitet sich im Innenhof ein Meer aus Schneeglöckchen aus und umrahmt die vielen Bänke, die hier vor allem für Freiluft-Gottesdienste und -Konzerte platziert wurden. Aber auch sonst ist es ein wundervoller, kontemplativer Ort, um in sich zu gehen, ein Gebet zu sprechen – oder die Parabel vom Tod und dem Gelehrten auf sich wirken zu lassen **Geschichte S. 103**.

Zahlreiche Votivbilder danken für Bewahrung in der Not.

Dann ist es Zeit, unsere Reise in die Vergangenheit fortzusetzen, und wir verlassen den Kalvarienberg ▸ ***auf östlicher Seite*** und schlendern die kleine ▸ ***Nebenstraße bis zur ersten Kreuzung*** hinunter. Wer gerne sportlich ein paar Höhenmeter mehr in Angriff nehmen möchte, biegt hier links den Forstweg bergauf und dann scharf rechts in den Höhenweg ein, von wo aus man das nun Beschriebene quasi von oben betrachten kann. Für gemütlichere Spaziergänger bietet es sich an, ▸ ***rechts an der Kapelle St. Dionysius***, einem relativ schmucklosen Kircherl von 1693, vorbeizugehen und auf diesem Weg das ▸ ***Schloss Hohenburg*** anzusteuern.

Von der Anhöhe des Kalvarienbergs reicht der Blick übers Isartal und Lenggries bis hinüber aufs Brauneck.

1712 wurde der Grundstein zu diesem frühbarocken Bau gelegt, der inzwischen freilich zahlreiche Anbauten und Veränderungen erfahren hat. Der einstige sensationelle Schlossgarten nach Versailler Modell, der zusammen mit dem Kalvarienberg ein wirklich beeindruckendes Landschaftsbild ergeben haben muss, lässt sich leider nicht einmal mehr erahnen, sondern kann nur staunend auf alten Stichen betrachtet werden. Auf östlicher Seite ragte damals noch deutlich erkennbar die Ruine der alten Burganlage auf – doch dazu gleich mehr. Das Schloss Hohenburg jedenfalls wird heute als Schule genutzt und ist nicht zu besichtigen.

Wir ▸ ***durchschreiten die Anlage*** auf nördlicher Seite und erreichen schließlich einen großen ▸ ***Findling mit einer Gedenktafel***, die an die alte Hohenburg erinnert, auf deren letzte Mauerreste wir in wenigen Minuten stoßen werden. Dazu folgen wir von hier aus zuerst einem ▸ ***Fußweg weiter nach Osten***, der von dicken Linden und Kastanien flankiert wird und nach wenigen Metern einen ▸ ***linken Abzweiger*** aufweist. Keine 100 Meter entfernt erwartet uns dann auf diesem Pfad schon die nächste Schautafel, die die Geheimnisse der alten Gemäuer preisgibt.

Um 1100 wurde die Burg zum ersten Mal urkundlich erwähnt und bildete später als herrschaftlicher, in seiner Größe kaum noch vorstellbarer Bau jahrhundertelang das bedeutsamste Herrschaftszentrum im Isarwinkel. Zu ihren Füßen erwuchs Lenggries als Flößer- und Handwerkersiedlung. Die Burg war unter anderem im Besitz der Wittelsbacher, der Maxlrainer, der Schellenberger und

Ein goldener Altar in einer ansonsten schlichten Kirche: St. Dionysius

zum Schluss der Augsburger Patrizierfamilie Herwarth.

1705 warf der Spanische Erbfolgekrieg einen dunklen Schatten auf die Burg und das Flößerdorf: Hier wurde der erste Widerstand gegen die österreichischen Besatzer organisiert, der in der Sendlinger Mordweihnacht sein tragisches Ende fand. Österreichische Truppen hielten daraufhin die Burg besetzt, die am 21. Juli 1707 bei einem Brand völlig zerstört wurde. Vermutlich waren betrunkene Soldaten schuld an dem Feuer; doch geklärt werden konnte dies nie. So diente die Ruine schließlich als Steinbruch für das neue Schloss Hohenburg und den Bau der sehenswerten St.-Jakobus-Pfarrkirche in Lenggries, auch Dom des Isarwinkels genannt.

Von der Schautafel zieht sich ein ► ***breiter Kiesweg nach Osten*** durch den Wald hinauf, macht dann eine Kehre und entlässt uns vor einigen ► ***Mauerresten***, einem Brunnenloch und dem Überbleibsel eines Turms. Weitere Tafeln erzählen von der bedeutsamen Vergangenheit dieses Ortes, der inzwischen völlig überwachsen ist und zu einem fröhlichen Picknick unter dem Blätter-

Nicht nur Expressionisten haben ihre Freude an den Lichtspielen am Hohenburger Weiher.

dach der Bäume einlädt. Der perfekte Platz, um in das Gedicht „Am Walde“ von Eduard Mörike einzutauchen **Gedicht S. 106**.

Mauerreste und Infotafeln lassen den Besucher der Ruine Hohenburg auf den Spuren der Vergangenheit wandeln.

Auf dem ▸ *gleichen Weg* geht es anschließend erst einmal ▸ *wieder hinunter*, fast bis zum Gedenktafel-Stein. Doch gehen wir nicht mehr zum „neuen“ Schloss zurück, sondern lassen uns vom Fußweg quasi ▸ *unterhalb der Ruine neuerlich nach Osten* geleiten. Die Hohenburgstraße und daneben der Hirschbach bleiben rechts von uns, bis unser Wegerl langsam nach links ▸ *Richtung Norden abbiegt* und im Frühling ein wahres Feuerwerk an Frühlingsblumen präsentiert: Buschwindröschen, Leberblümchen, Geflecktes Lungenkraut, Veilchen und Schlüsselblumen.

Grün, grün, grün sind alle meine Kleider: der Schlossweiher inmitten des frühlingshaften Bergwaldes

Ein weiteres ▸ *prächtiges Anwesen* kommt zum Vorschein, das mit seinen kleinen Seen und Anlagen heute den Grundig-Erben gehört und einst die üppigen Parkanlagen um Burg und Schloss vervollkommnete. In den letzten Jahren war der Weg hier eingewachsen und von stämmigen Buchen gesäumt. Doch der Biber behielt es sich auch hier vor, seine landschaftsgärtnerischen Fähigkeiten unter Beweis zu stellen und den forstamtlichen Kahlschlag zu erweitern …

Nach dem ▸ ***Hohenburger Weiher***, der sich in Privatbesitz befindet, folgt der flache ▸ ***Schlossweiher***, den man auf beiden Seiten umrunden kann. Ich ziehe die ▸ ***nördliche Seite*** vor, die unterhalb des Weges zum Geierstein verläuft. Am westlichen Ende des kleinen Sees zweigt der ▸ ***Waldweg nach Lenggries nach rechts beschildert*** ab und gibt nach wenigen Metern noch eine Besonderheit preis: eine ▸ ***Kluftquelle***. Sie ist gekennzeichnet durch eine große Infotafel, die unterhalb der Quelle angebracht wurde und einen Überblick über die geologischen Eigenschaften gibt. Kurz gesagt, treffen hier zwei riesige Gesteinsdecken mit ganz unterschiedlicher Beschaffenheit aufeinander, nämlich die Allgäudecke und die Lechtaldecke. Exakt auf dieser Gesteinskluft liegt nun die Quelle und markiert auf schönste Weise dieses Phänomen im Aufbau und Zusammenspiel der über 200 Millionen Jahre alten Gesteinsschichten.

Von hier aus verläuft unser ▸ ***Rückweg nun nach Nord-Nordwest***. Der ▸ ***Waldweg*** trifft nach wenigen Minuten auf den ▸ ***Ludwig-Thoma-Weg***, der uns zum ▸ ***Oberreiterweg*** bringt, dem wir ▸ ***knapp 300 Meter nach links*** folgen. Dann biegt die Straße ▸ ***Am Reiterbach links weg*** und lotst uns in eine Sackgasse, an deren Ende uns eine Treppe an einem Abenteuerspielplatz für Kinder entlangführt. Unten

Wer sich Zeit und Muße nimmt, erlebt besondere Momente!

am ▶ *Kyreinweg* angekommen, kann man in beide Richtungen zum Parkplatz zurückkehren. Auf der rechten Seite geht es keine 100 Meter ▶ ***am Halsbach entlang***, dann über ein ▶ ***Brückerl*** und schließlich auf ▶ ***einem Wiesenpfad*** zwischen zwei Gärten hindurch, bis wir wieder exakt an unserem ▶ ***Startpunkt*** landen.

Vom Tod und dem Gelehrten

ab 10 Jahren
Verfasser unbekannt

Es kam einst ein Gelehrter in eine Stadt. Vom langen Fußmarsch ermüdet, ging er im Schatten der Stadtmauer entlang. Da wurde er auf einmal gewahr, dass vor ihm der Tod an der Mauer lehnte. Der Gelehrte nahm all seinen Mut zusammen und fragte diesen, was er hier wolle. Der Tod sah ihn freundlich an und sprach: „Nun, ich werde jetzt gleich durch die Straßen gehen und hundert Menschen mit mir nehmen."

Der Gelehrte aber erschrak, rannte völlig aufgelöst in die Stadt und schrie unaufhörlich: „Der Tod! Der Tod ist auf dem Weg hierher und will sich hundert Menschen holen!"

Sofort machte sich Panik breit. Die Menschen rannten wie von Sinnen durch die Gassen und versuchten sich in ihren Häusern zu verbarrikadieren. Dabei gab es zahlreiche Unfälle, Streitereien, Zank und viel Leid. In ihrer Angst vor dem Tod, überließen die Stadtbewohner die Alten und Kranken ihrem Schicksal. Doch wenn die Zeit gekommen ist, gibt es keinen Weg dem Tod zu entgehen …

Als der Gelehrte nach düsteren Tagen die Stadt wieder verließ, sah er den Tod erneut an der Stadtmauer stehen.

„Du erbärmlicher Lügner! Du hast gesagt, du würdest dir hundert Menschen holen. Nun sind 5.000 Menschen gestorben!", schrie er den Tod wutentbrannt an. Dieser drehte sich ruhig zu dem Gelehrten um und sah ihn wieder freundlich an: „Nun, ich habe hundert Menschen mit mir genommen, wie es meine Aufgabe war. Menschen, deren Leben nun zu Ende war. Die anderen, die gehen nicht zu meinen Lasten. Jene hat die Angst geholt, die du in dieser Stadt verbreitet hast."

Lenggrieser Kalvarienberg

1:20 h Gehzeit – 4,3 km Länge – 82 hm

Ausgangspunkt in 83661 Lenggries:

Parkplatz neben der Karwendelstraße 7

Weg:

Fußwege, Treppen, Waldpfade, Kieswege, Straßen; überwiegend schattig, zu jeder Jahreszeit zu empfehlen, außer nach langem Regen oder bei enormem Schnee. Wechselnd beschildert.

Besonderheiten:

- Kalvarienberg Lenggries
- Kapelle St. Dionysius
- Schloss Hohenburg (heute Mädchenschule)
- Burgruine
- Schlossweiher
- Kluftquelle

Einkehr:

- Hirschbachstüberl (vegetarische/vegane Küche) www.hirschbachstueberl.de
- Gastronomie Lenggries

Zuganfahrt:

Mit dem Zug nach Lenggries; Tour von der Bahnhofstraße aus in die Karwendelstraße starten

Variationen:

Verkürzen kann man die Runde durch Weglassen einer der beiden Höhepunkte (Kalvarienberg oder Burgruine); an Schlechtwettertagen Parken auch am Fuß des Kalvarienbergs oder am Parkplatz Hohenburgstraße möglich (an Wochenenden und in den Ferien nicht ratsam!). Verlängern kann man den Spaziergang durch eine Runde durch Lenggries oder nach Fleck sowie über die Berge: Geierstein (1.491 m), Grasleitenkopf (1.434 m), Seekarkreuz (1.601 m).

Tipps:

- Historischer Ortskern des Flößerorts Lenggries
- Vielfältige Einkaufsmöglichkeiten
- Pfarrkirche St. Jakobus (Dom des Isarwinkels)
- Evangelische Waldkirche, Waldfriedhofstraße 35
- Heimatmuseum Lenggries www.lenggries.de/staemme/heimatmuseum-lenggries-2
- Naturfreibad Lenggries www.lenggries.de/staemme/naturfreibad-lenggries-2
- Familienbad Isarwelle www.lenggries.de/staemme/familienbad-isarwelle

Tourist-Info:

Rathausplatz 2
83661 Lenggries
Tel.: 08041-5008800
E-Mail: info@lenggries.de
www.lenggries.de

St. Jakobus
Isarwelle
Heimatmuseum
Lenggries
Kyreinweg
Am Reiterbach
Oberreiterweg
Ludwig-Thoma-Weg
Freibad
Großherzogin-M.-A.-Weg
Kluftquelle
Schlossweiher
Karwendelstraße
Kalvarienberg
St. Dionysius
Ev. Waldkirche
Hohenburg
Hirschbach-stüberl
Hohenburgstraße
Schloss Hohenburg
Hohenburg
Anger
Isar
0 100 200 300 m

Am Walde

Am Waldsaum kann ich lange Nachmittage,
Dem Kukuk horchend, in dem Grase liegen;
Er scheint das Tal gemächlich einzuwiegen
Im friedevollen Gleichklang seiner Klage.

Da ist mir wohl, und meine schlimmste Plage,
Den Fratzen der Gesellschaft mich zu fügen,
Hier wird sie mich doch endlich nicht bekriegen,
Wo ich auf eigne Weise mich behage.

Und wenn die feinen Leute nur erst dächten,
Wie schön Poeten ihre Zeit verschwenden,
Sie würden mich zuletzt noch gar beneiden.

Denn des Sonetts gedrängte Kränze flechten
Sich wie von selber unter meinen Händen,
Indes die Augen in der Ferne weiden.

Eduard Mörike
(1804–1875)

13

Gaißacher Moos

Glückseligkeit mit Gebirgsblick

1:20 h Gehzeit – 5,5 km Länge – 14 hm

Eigentlich ist er ein Hochmoorgebiet, der Attenloher Filzen, bei Einheimischen auch einfach Gaißacher Moos genannt. Ein geschützter Lebensraum für manch selten gewordenen Vertreter der Flora und Fauna. Umso schöner ist es, seine Runde durch dieses Hochmoor zu ziehen und sich die wechselnden Ausblicke auf Berge und Filzen zu gönnen. Es versteht sich von selbst, dass dabei besondere Rücksicht auf die Tier- und Pflanzenwelt genommen wird.

Als Startpunkt empfiehlt sich der große ▸ ***Parkplatz südlich vom Bahnhof in Gaißach***, denn die nahe am Moos liegenden kleinen Wanderparkplätze sind insbesondere an den Wochenenden rasch gefüllt. An Schmuddelwettertagen kann man es durchaus probieren, dort noch einen Platz zu ergattern. An sonnigen Tagen würde man jedoch nur unnötig die Nerven der Anwohner der sehr schmalen Zufahrtsstraßen strapazieren. Und der wichtigste Punkt: Parkt man am Bahnhof, beginnt man die Tour mit einem reizvollen Spaziergang entlang der alten Häuser des Dorfs, die teilweise noch aus dem 18. Jahrhundert stammen, und einer detailverliebt gestal-

Kleine alte Holzschober warten auf ihren Einsatz nach der Mahd im Spätsommer.

teten Modelleisenbahn im Vorgarten eines der Bauernhäuser. Schließlich geht es ja nicht darum, die Runde möglichst schnell hinter sich zu bringen, sondern sie Stück für Stück auszukosten.

So folgen wir ▸ ***vom Bahnhof aus der gleichnamigen Straße und dem grünen Wegweiser „Filzen-Rundweg" Richtung Norden*** und dann ▸ ***nach Osten***. Das über 200 Jahre alte Gebäude des Gasthofs Mühle fällt durch seine liebevolle Ausgestaltung und Renovierung besonders ins Auge – und wir können es uns als spätere Einkehrstation schon einmal vormerken. Hier zweigt auch die ▸ ***Ostfeldstraße*** ab und lotst uns durch schmale Sträßchen zielsicher zu dem Filzen. Rechts von uns öffnet sich nun die Sicht über die Felder und Juifen, Brauneck und die Benediktenwand winken herüber.

Nur ein paar Hundert Meter nach den letzten Häusern biegt ein Feldweg, hervorgehoben durch ein Wegkreuz und einen Wegweiser, links ins Moos. Wer mag, kann hier schon einbiegen und die Filzenrunde im Uhrzeigersinn starten. Für meinen Geschmack ist die Route in anderer Richtung aussichtsreicher und so empfehle ich, vorerst auf der relativ wenig befahrenen ▸ ***Straße zu bleiben*** und erst an der ▸ ***nächsten Kreuzung nach links*** zu gehen.

Einige Holzbretter und -bänke vor den alten Heustadeln gestatten Ruhesuchenden ein entspanntes Sonnenbad mit Blick über die für Gaißach typische Heckenlandschaft mit ihren „Traten" genannten Bergweiden und die dahinter aufragenden Berggipfel. Spätestens hier kommt es einem nicht mehr in den Sinn, Zeit „vertreiben" zu wollen. Vielmehr ist man versucht, sie ganz bewusst zu sich einzuladen.

Unser weiterer Weg führt uns noch ein kurzes Stück ▶ ***auf der Straße nach Nordost***. Wenn der geteerte Untergrund endet, macht uns erneut ein grüner Wegweiser darauf aufmerksam, dass der ▶ ***Filzen-Rundweg nach links auf einen Feldweg*** abzweigt. Zwischen windschiefen Scheunen geht es hindurch und nach nur fünf Minuten – noch einmal klar beschildert – wieder ▶ ***links ins Moos*** hinein. Vergnüglich schlängelt sich der Weg an Trollblumen, Knabenkraut, Fieberklee, Teufelskralle und Lichtnelken vorbei, unter Schwarzerlen und Eschen hindurch, über die kleine Gaißach hinweg und an Feuchtwiesen entlang, die nach Regen auch gerne einmal vom Weg Besitz ergreifen.

Inmitten eines Feuerwerks an leuchtenden Blumen bieten uns einige Bänke die Gelegenheit zur Rast – und auch zur Lektüre der kleinen Geschichte „Mag sein". Sie stammt ursprünglich aus China und bricht eine Lanze für Gleichmut und Glückseligkeit, für ein zufriedenes Leben ganz im Hier und Jetzt ✧ **Geschichte S. 113**.

Unsere Route macht es uns weiterhin leicht, auf dem richtigen Weg zu bleiben. Der ▶ ***Feldweg*** setzt sich fort, stößt schließlich auf einen weiteren, der nach ▶ ***links Richtung Süden*** führt und dem wir bis zur Teerstraße folgen. Das schon ▶ ***bekannte Wegkreuz*** nimmt uns nach einer guten Stunde Unterwegssein wieder in Empfang und weist uns den ▶ ***Weg nach rechts*** zurück ins Dorf.

Die ▶ ***Ostfeldstraße*** bringt uns direkt zum Gasthof oder dann über die ▶ ***Bahnhofstraße*** auch wieder zum Ausgangspunkt. Als zweite Einkehrmöglichkeit bietet sich hoffentlich bald der Traditionsgasthof Zachschuster an, dessen Gebäudekern ebenfalls vom Ende des 18. Jahrhunderts stammt, aktuell umgebaut wird und der vom Bahnhof aus zu Fuß in knapp zehn Minuten erreicht werden kann. Bei dieser Runde dreht sich einfach alles um den Genuss!

Im Frühsommer säumen die schönsten Blumen den Weg, später mannshohes Schilf.

Gaißacher Moos

1:20 h Gehzeit – 5,5 km Länge – 14 hm

Ausgangspunkt in 83674 Gaißach:

Parkplatz südlich vom Bahnhof, Bahnhofstraße 30

Weg:

Straßen und Feldwege; sonnig, nach Regen teilweise matschig, bei Schneeschmelze teilweise vereist.
Beschildert mit „Filzen-Rundweg".

Besonderheiten:

- Urwüchsige Moorlandschaft
- Sonnengeflutete Wiesen
- Seltene Blumenarten
- Panoramablick

Einkehr:

- Gasthof Mühle www.muehle-gaissach.de
- Landgasthof Zachschuster www.hotel-zachschuster.de
- Draxl-Alm www.draxlalm.de
- Bauernhofcafé Zum Hansbaur, Steinbach 3, Lenggries www.lenggries.de/staemme/bauernhofcafe
- Gastronomie Gaißach und Lenggries

Zuganfahrt:

Mit dem Zug zum Gaißacher Bahnhof, Start von dort aus

Variationen:

Ein Verkürzen der Tour ist durch das Nutzen der umständlich anzufahrenden Parkplätze nahe dem Moor möglich (Vorsicht: Überbelegung an Wochenenden oder Sonnentagen). Verlängern der Runde über Lehen (südlich), Gaißach Dorf (nördlich) oder Greiling (nordöstlich).

Tipps:

- Pfarrkirche St. Michael
- Kapelle Puchen
- Holzprodukte der Oberland Werkstätten www.o-l-w.de
- Genussmanufaktur Gaißach Hirschkuss www.genussmanufaktur.cc
- Apfel-Hofladen Gaißach (Verkauf ab September) www.apfel-gaissach.de
- Schnablerrennen www.schnabler.de

Tourist-Info:

Bahnhofstraße 8
83674 Gaißach
Tel.: 08041-804710
E-Mail: info@gaissach.de
www.gaissach.de

STEPMAP
StepMap, 123map – Daten: Openstreetmap, Lizenz: ODbL 1.0
Große Gaißach
Kleine Gaißach
Gasthof Mühle
Ostfeldstraße
Gaißach
Bahnhofstraße
Gaißacher Moos
0
100
200
300 m

Ein wahres Blütenmeer im Gaißacher Moos: erst mit Löwenzahn, später mit Orchideen und Lilien unterschiedlicher Art!

Mag sein

ab 4 Jahren

Frei nach einem alten Märchen aus China

Es war einmal ein Paar, das lebte sehr glücklich und zufrieden. Die beiden waren nicht mehr jung, aber auch nicht alt. Sie hatten ein kleines Häuschen und alles, was sie zum Leben brauchten. So waren sie nicht reich, aber auch nicht arm. Ihre größte Freude war ein Pferd, das sie ihr Eigen nennen konnten.

Eines Nachts jedoch brach das Pferd aus der Koppel aus und lief davon. Die Nachbarn, die davon hörten, kamen zu dem Ehepaar und sagten: „Ach du meine Güte! Euer Pferd ist euch davongelaufen?"

„Ja", antwortete die Frau. „Das ist traurig. Ich habe das Pferd gerngehabt." Der Mann ergänzte: „Ja, schade. Nun kann keiner von uns beiden mehr darauf reiten!"

„Was habt ihr für ein Pech? Das ist ein wirklich großes Unglück!", schüttelten darauf die Dorfbewohner die Köpfe. Da sahen sich der Mann und die Frau an, lächelten und meinten nur: „Nun, mag sein." Sie nahmen sich bei der Hand und lebten weiter glücklich und zufrieden.

Eines Morgens war das Pferd auf einmal zurückgekehrt. Und mit ihm zwei andere schöne Pferde. Nun hatte das Ehepaar auf einmal drei Rösser.

Da kamen die Nachbarn herbeigelaufen und riefen: „Ja sowas, was für ein Glück ihr habt! Drei Pferde auf einmal!"

„Nun, mag sein," antworteten der Mann und die Frau. Sie nahmen sich bei der Hand, lächelten sich zu und lebten nun mit den drei Pferden glücklich und zufrieden.

Als der Mann die beiden jungen Pferde einreiten wollte, stieg eines der Rösser und er brach sich beim Sturz das Bein.

„So ein Pech aber auch!", jammerten da die Dorfbewohner. „Ihr habt aber auch so ein Unglück im Leben!"

„Mag sein," erwiderten die Frau und der Mann nur. Sie nahmen sich bei der Hand, lächelten sich zu und lebten weiter glücklich und zufrieden.

Nun kam es, dass im ganzen Land der Krieg ausgerufen wurde. Alle wehrfähigen Männer wurden eingezogen – nur nicht der Mann mit dem gebrochenen Bein.

„Ihr habt aber auch ein Glück!“, sprachen da die Frauen aus dem Dorf. „So viel Glück!“

„Mag sein,“ entgegneten die beiden da erneut. Sie nahmen sich bei der Hand, lächelten sich an und lebten weiter glücklich und zufrieden.

Wunderliches Wort: die Zeit vertreiben!

Wunderliches Wort: die Zeit vertreiben!
Sie zu halten, wäre das Problem.
Denn, wen ängstigts nicht: wo ist ein Bleiben,
Wo ein endlich Sein in alledem? –

Sieh, der Tag verlangsamt sich, entgegen
Jenem Raum, der ihn nach Abend nimmt:
Aufstehn wurde Stehn, und Stehn wird Legen,
Und das willig Liegende verschwimmt –

Berge ruhn, von Sternen überprächtigt; –
Aber auch in ihnen flimmert Zeit.
Ach, in meinem wilden Herzen nächtigt
Obdachlos die Unvergänglichkeit.

Rainer Maria Rilke
(1875–1926)

14

Kreuzbichl von Dietramszell

Ein Friedhof mit himmlischer Aussicht

1:20 h Gehzeit – 4,8 km Länge – 53 hm

Gleich zwei Spaziergänge in Dietramszell laden uns ein, einem Friedhof einen Besuch abzustatten. Der erste mit weitem Blick und bergreicher Fernsicht, der zweite inmitten von Wald und Wiesen (siehe S. 123). Auf dem Kreuzbichl drängen sich auf dem kleinen Gottesacker rund um die Kapelle die Gräber der Altgemeinde Dietramszell dicht an dicht. Am Horizont dahinter reihen sich fast ebenso eng die Berggipfel aneinander. Ein Motiv wie aus einem Film – und in der Tat: Hier gaben sich schon die Set-Teams von „Forsthaus Falkenau“, „Die Rosenheim Cops“, „Sturm der Liebe“, „Hubert und Staller“ und einige mehr die Ehre. Zeit für uns, dort auch einmal eine Runde zu drehen!

Wir starten an einem der beiden ▸ ***südlich oder nördlich der Klosterkirche gelegenen Parkplätze***. Der kleine Fußweg, den wir nutzen, um auf die Anhöhe des Kreuzbichls zu kommen, könnte nicht schöner und vor allem kaum deutlicher gekennzeichnet sein als durch den ▸ ***Kirchturm des Klosters. Etwa fünfzig Meter nördlich davon*** schwingt sich unbeschildert ein ▸ ***Pfad durch den Wald*** berg-

Staunend steht man in der Klosterkirche Dietramszell unter den Fresken von Johann Baptist Zimmermann.

auf. Droben geht es am ▸ *ersten Haus noch rechts vorbei*, dann biegt gleich ▸ *links ein kurzer Wiesenweg* an einer Hecke ▸ *nach Westen* ab und bringt uns zum ▸ *Feldweg*, der pfeilgrad zum Kapellen-Ensemble auf dem ▸ *Kreuzbichl* führt.

Eine Tuffsteinsäule aus dem 16. Jahrhundert nimmt uns in Empfang und wenige Schritte später haben wir das geschwungene Türl des Friedhofs erreicht. Fast fühlt man sich, als würde man hier eine eigene kleine Welt betreten: die alten Gräber mit ihren überwachsenen Natursteinen, die verzierten, mächtigen Eisenkreuze, die spätgotische Kapelle aus dem 15. Jahrhundert, die im 17. Jahrhundert angebaute barocke Maria-Einsiedel-Kapelle mit Turm und südlich davon die Totenkerker-Kirche des Augustiner-Stifts, in der seit 200 Jahren die ortsansässige Familie von Schilcher ihre Toten zur letzten Ruhe bettet.

Dass diese Gotteshäuser viele Jahrhunderte lang ein beliebter Wallfahrtsort waren, daran erinnert bis heute ein Fingerstein (siehe Foto S. 122) mit fünf Vertiefungen und zwei Taubenmedaillons, der im Inneren der Kapelle angebracht und leider selten öffentlich zugänglich ist. Einst legten die Pilger ihre Finger in die Aushöhlungen und setzten ihren Glauben auf die Heilung von Rheuma, Krampf und Gicht. Die meisten der zahlreichen Votivbilder, die dort seit 1656 aufgehängt wurden, sind leider in früheren Zeiten Kirchendieben zum Opfer gefallen. Ob die Verehrung göttlicher Kraft an diesem Platz weiter zurückgeht als die christlichen Bauten, bleibt der Fantasie jedes Einzelnen überlassen. Historische Belege gibt es dafür nicht.

Nach einem ausgiebigen Rundgang über den kleinen Friedhof, kann es nun mit unserem Spaziergang weitergehen, der uns später übrigens noch einmal am Kreuzbichl vorbeiführt. Zuerst einmal kehren wir zu dem gotischen Bildstock aus Pestzeiten auf ▶ ***östlicher Seite zurück*** und nehmen den ▶ ***Wiesenweg***, der uns mit schwindendem Bergblick ▶ ***nach Süden*** hinabbringt. Eine Treppe überwindet das steilste Stück, das sich bei Regentagen gerne einmal in zentimetertiefen Matsch verwandelt.

Unten angekommen, überqueren wir die ▶ ***Tölzer Straße, gehen nach rechts*** auf einem ▶ ***Fußweg*** neben dem Zeller Bach in Richtung Obermühlthal weiter und haben nun einen kleinen, lustigen Slalom durch diesen Ortsteil von Dietramszell vor uns. Erst kommen wir an einer kleinen Kapelle vorbei, überqueren dann eine Nebenstraße und erreichen schließlich ▶ ***einen kleinen Tümpel*** und hinter ihm erneut die ▶ ***Tölzer Straße***. Wieder geht es auf die ▶ ***andere Straßenseite, dort ein paar Meter rechts nach Norden***, bis ▶ ***links*** die Straße ▶ ***„Poazlgasteig"*** abzweigt und uns in wenigen Minuten zur ▶ ***Bairawieser Straße*** bringt.

Auf der gegenüberliegenden Seite, ein paar Meter rechts von uns, folgen wir einem ▶ ***Feldweg wieder die Anhöhe*** hinauf. Fünf Minuten später erreichen wir eine Weggabelung – und einen weiteren wundervollen ▶ ***Aussichtsplatz***. Um dorthin zu gelangen, biegen wir ▶ ***links*** ab und können uns 100 Meter weiter auf eine Holzbank nieder- und den Blick bis hinüber zur Zugspitze und den Ammergauer Alpen schweifen lassen.

Dem Himmel ganz nah: der kleine Gottesacker auf dem Kreuzbichl in Dietramszell

Der Gedenkstein hinter uns erinnert an Josef Suttner, den Gründer des gleichnamigen Holzbetriebs, der südwestlich von diesem Aussichtspunkt liegt. Der 62-Jährige verunglückte hier 1929 tödlich. Die Firma ging dann an zwei seiner 20 Kinder über und wird noch in vierter Generation von der Familie geführt. Neben dem großen Findling hat eine kleine Muttergottes-Figur ihren Platz gefunden, in einem mit Kiesel gemauerten Bildstock und hinter Glas gefasst. Eine faszinierende Ruhe umgibt uns hier und wer möchte, kann an dieser Stelle die Geschichte vom „kleinen Unterschied zwischen Himmel und Hölle" lesen – oder sie sich für eine spätere Rast oben am Kreuzbichl aufheben **Geschichte S. 122**.

Für den Rückweg gehen wir die ▸ ***wenigen Meter bis zur Gabelung zurück***. In den Wintermonaten ist es problemlos möglich, über die Wiesen direkt zum Friedhof hinaufzugehen. Von März bis Oktober empfiehlt sich aber der hier vorgeschlagene Weg, damit die Landwirte ihre Flächen unbeschadet nutzen können. Aus diesem Grund folgen wir nun dem ▸ ***Feldweg, der nach Norden abzweigt***. Er führt uns in großem Bogen hinauf zum Dietramszeller Ortsteil Schönegg. Der Ausläufer der ▸ ***Straße „Am Asang"*** lenkt unsere Schritte bald wieder nach rechts ▸ ***Richtung Osten***, bis kurz vor der Wolfratshauser Straße ein ▸ ***Feldweg nach Südost*** abbiegt. Auf ihm gelangen wir zum ▸ ***Wohngebiet „Am Kreuzfeld"***, hinter dem schon der ▸ ***Kreuzbichl*** zu uns herüberwinkt. Noch einmal können wir uns dem weiten Panoramablick und dem kraftvollen Wallfahrtsort widmen, bevor wir uns auf den schon ▸ ***bekannten Weg zurück*** zu unserem ▸ ***Parkplatz*** machen, wo wir zwischen einem Besuch der ▸ ***Klosterkirche oder der Klosterschänke*** wählen können. So mancher wird sich dabei an den bayerischen Spruch erinnert fühlen: „Berge von unten, Kirchen von außen, Wirtshäuser von innen."

Auf Wiesenwegen lässt sich der frühere Wallfahrtsort aussichtsreich umrunden.

Traumhafte Sonnenuntergänge rahmen den Kreuzbichl in Dietramszell.

Kreuzbichl von Dietramszell

1:20 h Gehzeit – 4,8 km Länge – 53 hm

Ausgangspunkt in 83623 Dietramszell:

Parkplatz nahe der Grundschule, Am Richteranger 12, oder nördlich der Klosterkirche an der Tölzer Straße rechts

Weg:

Wald- und Wiesenpfade, Feldweg, Fußweg, Straße; überwiegend sonnig, ganzjährig begehbar, bei Regen teilweise etwas matschig.
Nicht beschildert.

Besonderheiten:

- Klosterkirche Mariae Himmelfahrt mit Opferkerzen
- Aussichtsreiche Wiesen
- Friedhofskapelle (Fingerstein) und Totenkerker-Kirche auf dem Kreuzbichl
- Aussichtspunkt

Einkehr:

- Klosterschänke Dietramszell www.klosterschaenke-dietramszell.de
- Eisdiele Lausbua Eis www.lausbua-eis.de
- Café Schwalbe, Münchner Straße 16 Tel.: 08027-316
- Gasthof Peiß www.gasthof-peiss.homepage.t-online.de
- Gastronomie Dietramszell

Zuganfahrt:

S 3 bis Deisenhofen, dann Bus 381 nach Dietramszell, Ausstieg „Kloster“

Variationen:

Verkürzen kann man die Runde im Winter über die Wiesen. Verlängern kann man sie durch die Kombination mit der Dietramszeller Waldweiher-Runde (siehe S. 123).

Tipps:

- Blumen- und Geschenkeladen Vergissmeinnicht, Münchner Straße 11 Tel.: 08027-1036
- Hofladen Zum Bertenbauer www.zum-bertenbauer.de

Tourist-Info:

Am Richteranger 10
83623 Dietramszell
Tel.: 08027-90580
E-Mail: gemeinde@dietramszell.de
www.dietramszell.de

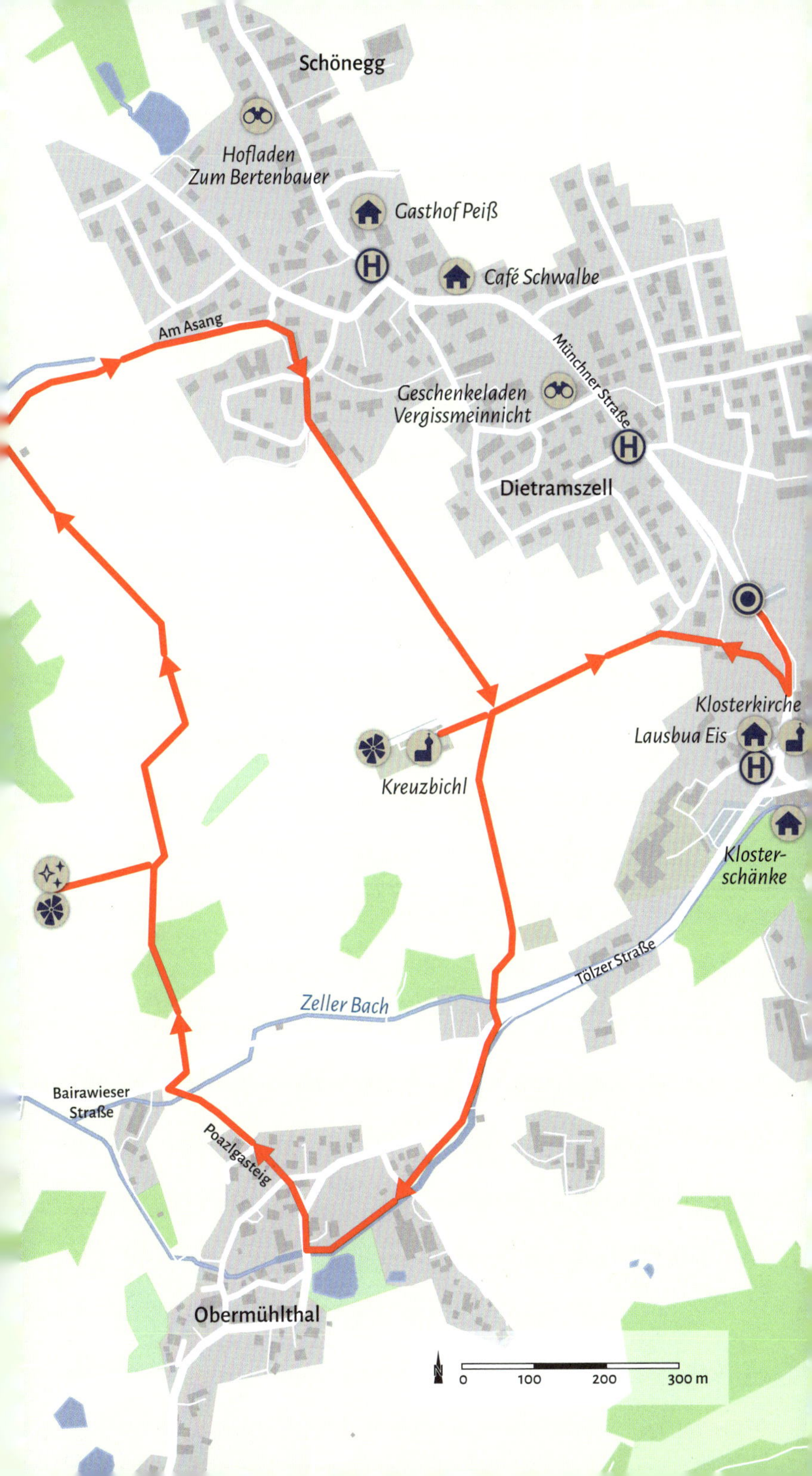
Schönegg
Hofladen Zum Bertenbauer
Gasthof Peiß
Café Schwalbe
Am Asang
Münchner Straße
Geschenkeladen Vergissmeinnicht
Dietramszell
Klosterkirche
Lausbua Eis
Kreuzbichl
Kloster-schänke
Tölzer Straße
Zeller Bach
Bairawieser Straße
Poazlgasteig
Obermühlthal
0
100
200
300 m

Der kleine Unterschied zwischen Himmel und Hölle

ab 4 Jahren

Frei nach einem russischen Märchen

Einmal bat ein Mann Gott darum, einen Blick in den Himmel und in die Hölle werfen zu dürfen. Der Allwissende gewährte ihm diese Bitte und führte ihn im Traum in einen Raum mit zwei Türen. Als der Mann die erste öffnete und hineinsah, erblickte er einen Saal mit einer langen Tafel, um die zahlreiche Menschen saßen. In der Mitte war ein Topf mit köstlich duftendem Essen, das für alle gereicht hätte. Doch die Menschen wirkten krank, mager und traurig. Denn in ihren Händen hielten sie Löffel, die viel zu lange waren, als dass sie damit hätten essen können.

„Dies“, sagte Gott, „dies ist die Hölle!“

Der Mann schloss nachdenklich die Türe und öffnete die zweite. Zuerst schien alles genauso zu sein wie im vorhergehenden Saal: eine lange Tafel, ein riesiger Topf mit köstlichem Essen, viele Menschen, die sich darum drängten. Aber diesmal waren die Menschen kräftig, gesund und fröhlich. Und das, obwohl auch sie Löffel in der Hand hielten, die viel zu lange waren, um sie zum Mund führen zu können.

„Und dies“, fügte Gott an, „dies ist der Himmel!“

Der Mann brauchte eine Weile, bis er erkannte, worin der Unterschied lag. Dann bemerkte er es: Die Menschen im Himmel gaben sich gegenseitig zu essen. Sie führten die duftende Suppe mit den langen Löffeln jeweils ihrem Nachbarn zum Mund. Und so wurden alle satt.

15

Dietramszeller Waldweiher

Erholung finden in der Waldruh

1:05 h Gehzeit – 4,1 km Länge – 39 hm

Zwischen den Gräbern spazieren gehen? Nun, im Bestattungswald Waldruh in Dietramszell ist das guter Brauch, sodass man an schönen Sonntagen dort wohl eher nicht die andächtige Stille findet, die man an so einem Ort vermuten würde. Waren der idyllische See und der kleine lichte Mischwald drumherum früher den Einheimischen als Badeort vorbehalten, so hat sich die Anmut dieses Plätzchens spätestens seit der Einrichtung des Friedwaldes herumgesprochen, was insbesondere an Wochenenden zu regem Besuch führt. Unter der Woche jedoch findet man immer noch jene Einsamkeit, die man mit einer solchen Ruhestätte verbindet. Und an den Tagen im Herbst, an denen die Blätter mit einem leisen Rascheln von den Bäumen fallen, da kommt es einem fast so vor, als würde Rainer Maria Rilke neben einem sitzen und gerade sein berühmtes Herbstgedicht verfassen **Gedicht S. 130**.

Östlich neben der übrigens sehr empfehlenswerten Klosterschänke Dietramszell zweigt die Sackgasse Am Weiherfeld und mit ihr die Zufahrt zum ▶ *Parkplatz* für unsere kleine Runde ab. Wer gerne in der zweiten Hälfte des Wegs auf Bänken verweilt, der wählt die Richtung, wie sie hier beschrieben ist. Wen es gleich zum Weiher drängt, der geht sie einfach im Uhrzeigersinn.

Ahorne, Buchen und Eichen beschirmen den Weg aufs Schönste.

Die ▸ *Forststraße Am Weiherfeld* führt erst einmal ein kleinwenig bergauf, bevor wir ▸ *eine Gabelung* erreichen, die mit einem Wegkreuz gekennzeichnet ist. Rechts geht es auf das Privatgelände der Waldeigentümer von Schilcher. Darum ziehen wir ▸ *geradeaus weiter*, und zwar langsam, um das nachfolgende Haus auf der linken Seite nicht zu verpassen: das ▸ *„Forsthaus Falkenau"*, das vielen noch aus der gleichnamigen Serie bekannt sein dürfte. Die ersten 17 Staffeln mit Christian Wolff als Förster Martin Rombach wurden hier gedreht. Von der Straße aus schauen ist erlaubt, die Privatsphäre des inzwischen bewohnten Hauses ist bitte unbedingt zu respektieren. Die mächtigen Alleebäume winken uns ohnehin weiter zu unserem nächsten Zwischenziel. Wir bleiben auf dem ▸ *rechten Forstweg* und erreichen nach einer guten Viertelstunde die ▸ *Wallfahrtskirche Maria Elend*. Schon ihr achteckiger Zentralbau und der Eingang direkt im Turm sind ungewöhnlich, noch viel mehr aber ihre Entstehungsgeschichte.

Einst suchten hier Kranke in einer Grube Heilung. Heute finden Besucher Stille und Andacht: im Wallfahrtskircherl Maria Elend.

Der Legende nach, die aus der Zeit des Dreißigjährigen Kriegs stammt, habe sich ein Mann im Zeller Wald auf der Flucht befunden, gejagt von zahlreichen Reitern. Obwohl er sich

dort bestens auskannte, kamen seine Verfolger immer näher und er schickte schließlich ein Stoßgebet zu seiner Rettung an die Muttergottes aus. Die himmlische Hilfe folgte etwas unvermittelt, als er kurz danach in eine überwachsene Grube fiel und damit vor den Augen der fremden Soldaten verborgen war. Aus Dankbarkeit ließ er an eben dieser Stelle eine gemauerte Felskapelle errichten, die 1687 von dem heutigen Barockbau mit einer außergewöhnlichen Altardarstellung des leidenden Christus und seiner Mutter abgelöst wurde.

Immer wieder erlauben Bänke oder kleine Stege zwischen den Laubbäumen eine Rast am Waldweiher.

Das Deckenfresko erzählt die Geschichte dieser Kapelle als viel besuchter Wallfahrtsort früherer Jahrhunderte. So stammt die älteste Votivtafel darin von 1607. Hinter dem Altar befindet sich eine Grube, die lange als besonders heilkräftig galt. Einst seien die Gnadenbilder der Kirche dort vergraben gewesen und so bringe die Berührung des Bodens Heilung bei allerhand Leiden. Einmal sei jedoch ein Kranker in die Grube gestürzt und habe sich den Fuß gebrochen, sodass das Erdloch seit vielen Jahrzehnten abgedeckt und nicht mehr zugänglich ist.

Maria Elend birgt eine ungewöhnliche Christusdarstellung: einen nachdenklichen gegeißelten Jesus neben der Schmerzensmutter.

Um göttliche Gnade kann man heute aber auch weiterhin bitten. Denn man hat im Vorraum der Kirche die Gelegenheit, ein Kerzerl für einen besonderen Wunsch zu entzünden und ein Gebet dazu zu sprechen. Für Sangesfreudige lohnt sich auch das Anstimmen eines sakralen Liedes, denn die Akustik ist wunderbar.

Für uns geht es an der wenige Meter darauffolgenden ▸ ***Wegkreuzung nach links*** bergab. Der ▸ ***Forstweg*** führt erst durch luftigen Wald und dann an Wiesen mit mächtigen alten Eichen vorbei. Links von uns glitzert der Waldweiher in der Sonne und bald schon haben wir die ▸ ***Waldruh*** erreicht. Nur ein kleiner hölzerner Pavillon verrät uns aus der Ferne, dass wir hier einen Bestattungswald betreten. Erst auf den zweiten Blick fallen die kleinen Namensschilder an den Bäumen auf und vielleicht das ein oder andere Blumengesteck, das von einer erst kürzlich stattgefundenen Beisetzung erzählt …

Ein ▸ ***kurzer Abstecher hinauf zu dem Holzpavillon*** eröffnet noch einen weiteren Blick über den malerisch gelegenen Waldweiher. Verschiedene Wege durch den urwüchsigen Wald schenken Raum und Zeit, den eigenen Gedanken zum Kreislauf des Lebens nachzugehen.

Der schönste ▸ ***Pfad schlängelt sich nahe des Weihers entlang Richtung Nordwest***. Verschiedene kleine Trampelpfade führen direkt ans Wasser. Im Herbst leuchtet das Blau des Weihers fast knallig durchs bunte Laub. Wer den ▸ ***Wurzelwegen ums Wasser*** weiter folgt, kommt schließlich zu ▸ ***einem schönen Badeplatz an der Westseite*** mit einigen Stegen. Zudem gibt es Bänke, die eine beschauliche Rast ermöglichen und auch die nötige Muße schenken, die kleine Geschichte von Martin Buber zu lesen, die von Rabbi Sussja und seiner Frage am Ende des Lebens erzählt **Geschichte S. 130**.

Manche kennen das Landhaus noch als „Forsthaus Falkenau".

Kleine Messingblätter an den Bäumen kennzeichnen die letzten Ruhestätten der hier Beerdigten.

Von den Badestegen aus führen ▶ ***drei Varianten zurück zum Parkplatz***: Der breite ▶ ***Forstweg linkerhand***, der nach Westen weist, bringt uns zurück zum „Forsthaus Falkenau" und zwar auf dessen Nordseite. Von hier biegen wir rechts auf die anfangs begangene Forststraße, auf der wir dann wieder retour zum Parkplatz gehen. Beim ▶ ***Waldpfad in der Mitte***, der also nordwestlich sofort ins Geäst führt, muss man die meiste Zeit im Jahr mit sehr matschigem Untergrund und Sturmbruch rechnen; hier kommt man westlich vom kleinen Neuweiher vorbei und direkt zum Parkplatz zurück. Und wer vom Badeplatz aus das letzte Stück der Tour wieder ▶ ***ein paar Minuten zurückgeht***, stößt auf ▶ ***eine Weggabelung***, an der er schließlich links abzweigen kann und damit nördlich am kleinen Neuweiher entlang zurück zum Ausgangspunkt gelangt.

Welch schöneren Platz könnte es geben, um Rilkes Gedicht „Herbst" zu lesen!

Dietramszeller Waldweiher

1:05 h Gehzeit – 4,1 km Länge – 39 hm

Ausgangspunkt in 83623 Dietramszell:

Parkplatz nahe dem Klosterplatz, Abzweigung Am Weiherfeld

Weg:

Forstwege, Wald- und Wurzelpfade; großteils schattig, bei Regen und Schneeschmelze nur eingeschränkt empfehlenswert. Kaum beschildert.

Besonderheiten:

- Friedwald Waldruh
- Sonnige Wiesen
- Malerischer Waldweiher
- Versteckte Badeplätze
- Kapelle Maria Elend mit Opferkerzen
- Ehemaliges „Forsthaus Falkenau"

Einkehr:

- Klosterschänke Dietramszell www.klosterschaenke-dietramszell.de
- Eisdiele „Lausbua Eis" www.lausbua-eis.de
- Gastronomie Dietramszell

Zuganfahrt:

Zug oder S-Bahn nach Wolfratshausen, Deisenhofen oder Holzkirchen, dann mit jeweiligem Bus nach Dietramszell, Ausstieg Kloster. Start in südöstlicher Richtung zum Parkplatz.

Variationen:

Verkürzen kann man die Runde nur durch Umdrehen. Verlängern kann man sie innerhalb des Ortes Dietramszell, durch die weiterführenden Forstwege des Dietramszeller Waldes oder durch die Runde über den Kreuzbichl (siehe S. 115).

Tipps:

- Klosterkirche Dietramszell Mariae Himmelfahrt mit Opferkerzen
- Café Schwalbe, Münchner Straße 16 Tel.: 08027-316
- Blumen- und Geschenkeladen Vergissmeinnicht, Münchner Straße 11 Tel.: 08027-1036
- Hofladen Zum Bertenbauer www.zum-bertenbauer.de

Tourist-Info:

Am Richteranger 10
83623 Dietramszell
Tel.: 08027-90580
E-Mail: info@dietramszell.de
www.dietramszell.de

Dietramszell
St 2073
ausbua Eis
Klosterkirche
Kloster-
schänke
Neuweiher
Ehem.
Forsthaus
Falkenau
Waldruh
Waldruh-
Pavillon
Waldweiher
Maria Elend
Dietramszeller Wald
0
100
200
300 m

Die Frage aller Fragen

ab 12 Jahren

Eine chassidische Geschichte nach Martin Buber

Als für Rabbi Sussja das Ende seines Lebens nahte, wurde er sehr schweigsam. „Warum bist du so still?“, fragten ihn seine Schüler. „Freust du dich denn nicht auf die kommende Welt?“

Wieder schwieg Rabbi Sussja, dann sagte er: „Wisst ihr, in der vor mir liegenden Welt wird man mich nicht fragen: Sussja, warum bist du nicht ein bedeutender Mann wie Mose gewesen?“ Er machte eine kurze Pause, dann fuhr er fort: „Man wird mich auch nicht fragen: Sussja, warum bist du nicht König David gewesen?“

Rabbi Sussja holte tief Luft und sagte: „Nun, man wird mich fragen: Warum nur, warum bist du nicht Sussja gewesen?“

Herbst

Die Blätter fallen, fallen wie von weit,
Als welkten in den Himmeln ferne Gärten;
Sie fallen mit verneinender Gebärde.
Und in den Nächten fällt die schwere Erde
Aus allen Sternen in die Einsamkeit.
Wir alle fallen. Diese Hand da fällt.
Und sieh dir andre an: es ist in allen.
Und doch ist Einer, welcher dieses Fallen
Unendlich sanft in seinen Händen hält.

Rainer Maria Rilke
(1875–1926)

16

Tölzer Prominenten-Spaziergang

Roeckl-Kapelle, Seidl-Villa & Mann-Haus

1:35 h Gehzeit – 6,3 km Länge – 39 hm

Würde man alle Plätze von Bad Tölz besuchen wollen, die von prominenten Bewohnern und Gästen geprägt wurden, müsste man wohl eine Woche lang durch die Kurstadt pilgern. Diese kleine Runde flaniert nun an drei Orten vorbei, die mit spannenden und auf vielfältige Weise bekannten Persönlichkeiten in Verbindung stehen: mit der Unternehmerfamilie Roeckl, dem Architekten Gabriel von Seidl und dem Schriftsteller Thomas Mann. Und das Beste: Neben all dieser Stadthistorie kommt auch der landschaftliche Reiz bei diesem Spaziergang nicht zu kurz!

Der schönste Startpunkt für diese kleine Tour ist der ► *Wanderparkplatz am Schützenwirt in Ellbach*, nimmt uns hier doch gleich eine wundervolle Aussicht bis ins Karwendelgebirge in Empfang. Zwischen weitläufigen Weiden geht es auf der ► *Teerstraße ganz kurz nach Westen und dann nach Süden*, bis gut ausgeschildert ► *rechts ein Kiesweg nach Bad Tölz* abzweigt. Bald darauf geht es in ein kleines Wäldchen hinein, wo wir nach etwa 15 Minuten dem nächsten ► *dunkelgrünen Schild links zur Roeckl-Kapelle* folgen.

Thront kraftvoll vor der Bergkulisse: eine uralte Linde, in die man sogar hineinklettern kann.

Wenige Minuten später erwartet uns auf der rechten Seite die kleine Kirche mit ihrem traumhaften Blick auf Bad Tölz und den Isarwinkel. Ein Bankerl auf der Südseite bietet uns die Möglichkeit, andächtig zu verweilen.

Gewidmet ist die Kapelle Johanna Roeckl vom Gut Oberhof, das mit seinen hübschen weißen Mauern einen knappen Kilometer vor uns an der Straße zu sehen ist. Der Name Roeckl dürfte vielen vertraut sein – und tatsächlich handelt es sich hier um einen Familienzweig der bekannten Handschuh-Hersteller, deren Unternehmen 1839 in München gegründet wurde und mittlerweile weltweit produziert. Unter der Leitung von Heinrich Roeckl wurde die Firma 1893 sogar zum königlich bayerischen Hoflieferanten ernannt. So trug neben König Ludwig II. zum Beispiel auch Kaiserin Elisabeth edle Lederprodukte aus dem Hause Roeckl.

Unter Eichen- und Buchenzweigen läuft der Pfad nach Süden hin.

Wahrhaft kaiserlich ist freilich auch der Ausblick, sodass es schwerfällt, sich wieder loszureißen. Doch weitere Höhepunkte warten – und wer möchte, kann zum Ende der Runde noch einmal an der Kapelle vorbeischauen. Und schließlich winkt der schmale ▸ ***Fußweg auf der linken Seite der Wiese*** vor uns schon sehr verlockend herüber, sodass wir nur zu gerne seiner ▸ ***Beschilderung nach „Bad Tölz über Eichmühle“*** folgen. Der Pfad unter dem Dach mächtiger Buchen und Eichen wird nach einigen Minuten von der ▸ ***Tölzer Straße*** abgelöst, auf der wir knapp ▸ ***200 Meter nach Süden*** überbrücken müssen, bis wir die ▸ *prachtvolle Linde* erreicht haben, die wie eine Königin vor der Kulisse des Karwendels residiert. Gelenkige Personen können sogar in den wuchtigen, hohlen Stamm des jahrhundertealten Baums hineinklettern und die besondere Energie erspüren, die von ihm ausgeht.

Unsere Runde ▸ *Richtung Eichmühle zweigt hier nach links* ab und führt wieder am Waldrand entlang hinunter zum Ellbach. Liguster und wilde Rosen säumen den Weg und rahmen zwei Holzbänke gemütlich ein. Vom Süden winken die Berge herüber und die Gaißacher St.-Michael-Kirche thront auf der südöstlichen Hügelkuppe.

Auf westlicher Seite begleitet uns weiterhin das vornehme ▸ *Gut Oberhof* – und gewährt uns einen kleinen Rückblick auf das außergewöhnliche Wirken des ▸ *Münchner Architekten Gabriel von Seidl*. Ihm ist es zu verdanken, dass die Tölzer Marktstraße heute als der „schönste Festsaal des Oberlandes" gilt. Ende des 19. Jahrhunderts waren die Häuser hier weder in ihren Baustilen noch in ihrer Verfassung auch nur annähernd einheitlich. Unter dem formgebenden Einfluss von Gabriel von Seidl und unterstützt vom einheimischen Baumeister Peter Freisl wurden deshalb zur Wende zum 20. Jahrhundert zahlreiche Häuser umgebaut, die stilvollen Fassaden geprägt und die farbigen Giebel gestaltet, die dem Ensemble der Marktstraße bis heute seinen unverwechselbaren Charakter geben und alles zu einer so schmucken Einheit verbinden.

Wer mag, kann auf dem Rückweg noch einmal bei der kleinen Kapelle innehalten.

Nun aber zum Gut selbst: 1901 hatte von Seidl hier eine repräsentative Villa mit Wirtschaftsgebäuden errichtet. Nach dem Zweiten Weltkrieg diente sie als Flüchtlingsunterkunft und musste aufgrund ihres maroden Zustands 1960 abgerissen werden. Der heutige Hausherr des Guts, Franz Roeckl, ein Urgroßneffe Gabriel von Seidls, hat sich gemeinsam mit seiner Frau Betti so sehr der Erhaltung der Tradition verschrieben, dass er tatsächlich die alte Villa nach Originalskizzen rekonstruieren ließ. 2018 konnte sie dann eingeweiht werden. Das beeindruckende Gebäude liegt

Liegt hinter den Gutsmauern verborgen: die Seidl-Villa, die exakt nach Originalplänen wieder aufgebaut wurde.

von der Straße aus ein klein wenig nach links hinten versetzt und ist deshalb nicht ganz so exponiert, wie das schlichtere Landhaus, das von unserem Weg aus zu sehen ist. In den alten Gästebüchern haben sich übrigens die dritten VIPs, denen wir auf dieser Runde noch einen kurzen Besuch abstatten werden, als Kegelfreunde verewigt: der Schriftsteller Thomas Mann und seine Frau Katia.

Zuerst einmal widmen wir uns aber profaneren Genüssen. Am ▸ *Ellbach* treffen gleich mehrere Gelegenheiten aufeinander: ein Fischverkauf am danebenliegenden Weiher, die Modeboutique „Zeitgeist“ wenige Meter links davon und das gleich darauffolgende Naturfreibad Eichmühle, das mit seinem eisig kalten Moorwasser selbst im Hochsommer eine Erfrischung verspricht. Für sozusagen „unverfrorene“ Schwimmer empfiehlt es sich, das Freibad als Startpunkt zu wählen, um am Ende der Tour ausgiebig das kühle Nass genießen zu können. Ein kleiner Schlenker zum Parkplatz lohnt sich immer, da sich hier das ganze Jahr über zahlreiche Schwäne und unterschiedlichste Wasservögel versammeln, um sich von den Besuchern füttern zu lassen.

Vom kleinen ▸ *Ellbach-Brückerl am Fischverkauf* geht es weiter ▸ *Richtung Süd-West (Beschilderung „Ellbach-Runde“)* kurz am Bach entlang und dann einen schmalen ▸ *Wiesenpfad* durch die Weiden hindurch. Im Anschluss nehmen wir die ▸ *Eichenstraße* nach Süden und biegen hier ▸ *über die Dietramszeller Straße rechts ab.*

Übrigens: Der kleine Fußweg geradeaus nach Süden führt gut beschildert in die Stadtmitte und sei all jenen ans Herz gelegt, die sich einen eigenen Eindruck von der historischen Marktstraße machen möchten.

Immer wieder ist das schmucke Landhaus neben der Seidl-Villa von unserem Weg aus zu sehen.

Für alle anderen heißt es aufgemerkt, denn ab der Dietramszeller Straße folgen wir vorerst weiter der ▸ *Beschilderung „Ellbach-Runde"* auf einem ▸ *Fußgängerweg*. Dieser bringt uns zur Straße mit dem Namen ▸ *Alter Bahnhofplatz*. Dabei geleitet uns der Gehsteig an einigen Tölzer Schulen vorbei bis zu einem kleinen Wendeplatz, der – man glaubt es kaum – bis 1924 die Endstation des Zugverkehrs von München darstellte. Heute steht von dem imposanten Bahnhofkomplex nur noch das Bahnwärterhäuschen aus Backstein, an dessen Südseite uns die ▸ *Alleestraße* weiter ▸ *nach Westen Richtung Ellbach* geleitet.

Nach insgesamt knapp einer Stunde Gehzeit erreichen wir den ▸ *Thomas-Mann-Weg*, der am ▸ *Klammerweiher* entlangführt, und eine Tafel in Buchform die uns mehr über den Schriftsteller und seine Aufenthalte in Bad Tölz erzählt. Kaum vorstellbar, dass aus dem Moorweiher einst das Eis für die Kühlkeller des Tölzer Klammerbräus geschnitten wurde. Schlittschuhlaufen und Eisstockschießen waren hier im Winter genauso beliebt wie im Sommer das Baden. Früher war der Weiher nur von unbebauten Wiesen und einigen Badehäuschen zum Umkleiden umgeben. Über die baumlosen Weiden konnte man auf

Das Thomas-Mann-Haus in Bad Tölz ist das einzige im deutschsprachigen Raum, das noch erhalten ist.

Gut beschirmt von weit hinüberragenden Ästen der Laubbäume kann man den Blick in die Berge genießen.

die alten Häuser und Kirchtürme von Bad Tölz und auf die dahinterliegenden Berggipfel blicken. Malerisch schön!

Statt von großblättrigen Seerosen bedeckt ist das Wasser heute von hohem Schilf umrahmt. Daneben hat der Freundeskreis der Familie Mann zu deren Gedenken Bäume gepflanzt, so zum Beispiel einen Bergahorn für Thomas Mann und eine Linde für seine Gattin Katia.

Bemerkenswert ist die blaue Telefonzelle daneben, in der sich eine kostenlose Bücheroase der Tölzer Stadtbibliothek befindet. Ergänzt von einer hölzernen Himmelsliege, die gleich zum Schmökern in einem der Bücher einlädt – oder zum Lesen der kleinen Geschichte „Was man im Herzen trägt" **Geschichte S. 140**.

Zwischen Liegestuhl und Bergahorn zweigt auch unser unbeschilderter ▶ ***Fußweg nach Westen*** ab, der an der ▶ ***Theodor-Körner-Straße*** endet, auf der wir ▶ ***nach rechts*** weitergehen. Die ▶ ***Ludwig-Thoma-Straße überqueren*** wir leicht nach links versetzt, sodass wir ▶ ***auf der Professor-Hillerbrand-Straße zur Heißstraße*** gelangen.

Damit erreichen wir das „Herrensitzchen", das Tölzer ▶ ***Thomas-Mann-Haus***, in dem dieser von 1909 bis 1917 die Sommer und auch so manchen Wintermonat verbrachte. Die anmutige Villa ist das einzige Haus des Literaturnobelpreisträgers, das im deutschsprachigen Raum die Zeit überdauert hat, und eines von drei weltweit noch erhaltenen Wohnhäusern.

Die Manns hatten sich bei ihren Besuchen der Kurstadt so in diesen Ort verliebt, dass sie 1908 dieses Grundstück kauften und darauf das Haus errichten ließen, das damals weit und breit das einzige Gebäude war und eine Aussicht bis hinunter zur Isar hatte. Erbaut wurde es vom Architekten Hugo Roeckl, einem Neffen Gabriel von Seidls. Leider ist der zweigeschossige Jugendstilbau heute kaum mehr zu besichtigen. Seit 1926 befindet er sich im Besitz des Ordens der Armen Schulschwestern, dient als Gästehaus und wird von ihnen sehr liebevoll instand gehalten. Das herrschaftliche Anwesen mit der Lindenallee davor, dahinter das Wohnheim der Schwestern und der parkähnliche Garten sind aber allemal einen Blick über den Gartenzaun wert.

Für uns geht es schließlich die ▸ ***Heißstraße weiter nach Norden***, um den ▸ ***Faistweg*** zu erreichen. Dort biegen wir ▸ ***rechts*** ab und lassen uns von ihm wieder durch den Wald ▸ ***Richtung Ellbach*** bringen. Wer vom ersten Ausblick an der Roeckl-Kapelle noch nicht genug hat, bekommt noch einmal die Gelegenheit, rechts einen Wurzelpfad hinauf zu schlendern und dort erneut zu verweilen. Von hier aus ist der Rückweg der gleiche, wie der anfängliche Hinweg.

Wer den Kapellen-Schlenker auslassen möchte, bleibt einfach auf dem Kiesweg und gelangt nach insgesamt gut eineinhalb Stunden Fußmarsch wieder zu den aussichtsreichen Wiesen von Ellbach und auf der ▸ ***Straße nach links*** zu unserem ▸ ***Parkplatz***.

Andacht mit Aussicht: Die Gipfel des Karwendel grüßen zur Roeckl-Kapelle herüber.

Tölzer Prominenten-Spaziergang

1:35 h Gehzeit – 6,3 km Länge – 39 hm

Ausgangspunkt in 83646 Bad Tölz:

Parkplatz Schützenwirt, Schützenhausstraße, Ellbach

Weg:

Wald- und Wiesenpfad, Forst- und Feldwege, Gehweg, Straßen; wechselnd sonnig bis schattig; ganzjährig begehbar. Überwiegend beschildert, leicht zu finden.

Besonderheiten:

- Luftige Mischwälder
- Wiesen mit Bergblick
- Roeckl-Kapelle
- Alte, hohle Linde
- Seidl-Villa
- Thomas-Mann-Haus

Einkehr:

- Tölzer Mühlfeldbräu & Gasthaus www.gasthaus-toelz.de
- Schützenwirt Ellbach www.schuetzenwirtellbach.de
- Tölzer Bräustüberl
- Gastronomie Bad Tölz

Zuganfahrt:

Fahrt mit dem Zug nach Bad Tölz, Start von hier aus nach Norden zum Freibad Eichmühle oder auf der Eisenberger Straße Richtung Westen (plus ca. 7 min.), dann von der Dietramszeller Straße weiter.

Variationen:

Verkürzen lässt sich die Runde durch Umkehren oder Weglassen des Bogens zur Thomas-Mann-Villa. Verlängern kann man sie über die Ellbach-Runde (vom Startpunkt erst nach Osten bis zum Naturfreibad Eichmühle – Achtung: beliebte Radl-Strecke), über einen Schlenker durch die historische Marktstraße von Bad Tölz (nach Süden) oder über den Friedhof Bad Tölz (nach Westen).

Tipps:

- Stadtführungen Bad Tölz, insbesondere zu Thomas Mann www.toelzer-stadtversucher.de
- Thomas-Mann-Weg www.bad-toelz.de/de/veranstaltungen-kultur-und-literatur/von-mann-bis-seidl.html
- Naturfreibad Eichmühle www.stw-toelz.de/schwimmbaeder/freibad/freibad
- Bekleidungsgeschäft Zeitgeist Eichmühlstraße 29, Tel.: 08041-7941404
- Fischverkauf am Ellbach (Sa. / So.), Tel.: 0170-3440300
- Buch-Telefonzelle am Klammerweiher

Tourist-Info:

Max-Höfler-Platz 1
83646 Bad Tölz
Tel.: 08041-78670
E-Mail: info@bad-toelz.de
www.bad-toelz.de

Ellbach
Schützenwirt
Ratzenwinkl
St 2368
Roecklkapelle
homas-
Mann-
Haus
Heißstraße
Alte Linde
Klammer-
weiher
Gut Oberhof
mit Seidl-Villa
Theodor-Körner-
Straße
Freibad
Eichmühle
Ellbach
Fisch-
verkauf
Boutique
Zeitgeist
Alter Bahnhofplatz
Bad Tölz
Tölzer
Bräustüberl
Bahnhof
Tölzer Gasthaus
Marktstraße
0 100 200 300 m

Was man im Herzen trägt

ab 4 Jahren
Verfasser unbekannt

Da saß einmal ein armer Mann am Straßenrand und hoffte auf eine gute Gabe. Ein Reicher kam vorüber, mit einem Korb voller Unrat und Müll. Da er keinen Platz sah, an dem er die Sachen loswerden konnte, stellte er sie schließlich unverfroren dem Bettler vor die Füße. Der nahm den Korb und sah dem Mann lange hinterher…

Am Abend kam der Reiche wieder an der Stelle vorbei; die Sache mit dem Korb hatte er längst vergessen. Umso verwunderter sah er den Armen an, als der plötzlich aufstand und ihm den Korb wieder in die Hand drückte. Der Korb aber war diesmal angefüllt mit herrlichen Blumen.

„Wie? Ich verstehe nicht…", sagte der Reiche überrascht.

„Nun, es ist ganz einfach", antwortete ihm der Bettler. „Man gibt im Leben immer das, was man im Herzen trägt."

„Der Mensch soll um der Güte und Liebe willen dem Tode keine Herrschaft einräumen über seine Gedanken."

Thomas Mann „Der Zauberberg"

17

Hainzenhöhe am Tegernsee

Heiliger Baum und Gipfelkreuz

1:30 h Gehzeit – 5,3 km Länge – 70 hm

Eher abseits der bekannten Wege dreht dieser Spaziergang seine kleine, aber sehr feine Runde hin zur Hainzenhöhe. Gekrönt wird er dabei von einer wunderschönen Aussicht über das Tegernseer Tal. Zudem bietet er diverse Einkehrmöglichkeiten, die man jeweils durch eine überschaubare Erweiterung der Tour erreichen kann. Also, los geht's zu diesem sensationellen Ort, an dem die Menschen sicherlich schon seit vielen Jahrhunderten den Blick übers Tal verehrt haben!

Der Startpunkt liegt in ▶ *Finsterwald* etwas versteckt. Und zwar fährt man direkt am Hotel Tegernseer Hof vorbei auf den dahinterliegenden ▶ *Loipen-Parkplatz*. ▶ *Ein Wiesenpfad* verläuft von hier aus auf ▶ *nördlicher Seite zum Dürnbach*, folgt kurz seinem Lauf und überquert ihn dann auf einer ▶ *hölzernen Brücke*, sodass wir den ▶ *Holzeralmweg* erreichen. (Zum Gasthof Weidenau geht es von hier rechts weg.) Wir biegen ▶ *links ab* und erfreuen uns an den verschieden gestalteten Häusern und Gärten, die unseren Weg säumen.

Am Dürnbach startet diese kleine Runde in Finsterwald.

Schließlich verlassen wir die Ortschaft Finsterwald und stoßen nach insgesamt gut zehn Minuten Gehzeit auf die ▶ ***Straße nach Schneiderhäusl und Holz***, auf die wir ▶ ***links Richtung Bad Wiessee*** einbiegen (zum Golfrestaurant Margarethenhof geht es rechts weg) und erreichen schon wenig später die ersten Anwesen des ▶ ***Weilers Schneiderhäusl***. Wir folgen der ▶ ***Straße weiter nach Süden***, die nun den Namen ▶ ***„Hainznhöhe Weg"*** trägt und uns an adretten Häuschen vorbei Richtung Holz führt.

Nun gilt es aufgepasst: An einem ▶ ***alleinstehenden Holzstadel*** scheiden sich die Wege – und auch die Geister, wenn es um die weitere Route geht. Zwischen Oktober und Anfang März dürfen die Weiden betreten werden und somit bieten sich in dieser Zeit an dieser Stelle einige Wiesenpfade an. Dazu nehme man an diesem Holzschuppen die Wiesen auf östlicher Seite genau in Augenschein. Hier müssten drei Wege erkennbar sein. Die beiden linken führen auf kurzem (mittig) oder halblangem (links) Weg zum Aussichtspunkt der Hainzenhöhe und der rechte, der unterhalb des Hügels nach Osten führt, stößt später auf unsere weitere Route.

Insbesondere zur Weidezeit empfiehlt es sich jedoch, ▸ ***weiter der Straße zum Ortsteil Holz*** zu folgen. Das erfreut nicht nur den Bauern und sein Weidevieh, sondern auch uns, weil wir dadurch an Hofladen und Café des wunderbaren ▸ ***Boarhofs*** vorbeikommen – und dort donnerstags bis samstags einen herrlichen Zwischenstopp einlegen können. Dort finden wir auch Zeit für unsere kleine Schelmen-Geschichte von Nasreddin Hodscha, einem orientalischen „Narren, der die Welt auf den Kopf stellt, damit sie wieder ins Lot kommt", so der Erzähler Helmut Wittmann auf seiner CD „G'scheit – Dumm" **Geschichte S. 148**.

Beim Boarhof lohnt sich stets ein Besuch, ganz gleich ob im Hofladen oder im Café.

Um zum Boarhof zu gelangen, muss man an der ▸ ***großen Weggabelung in Holz*** kurz nach rechts abbiegen. Linkerhand sieht man dann schon den traditionsreichen Biohof liegen. Frisch gestärkt kehren wir an die Wegkreuzung zurück und folgen nun dem geteerten ▸ ***Max-Obermayr-Weg Richtung Nordost***. (Wer dieser Straße bis zum Ende folgt, erreicht direkt das Wirtshaus Gut Kaltenbrunn mit seiner klassisch bayerischen Küche.)

Zwei ▸ ***alte Torsäulen*** flankieren alsbald die Straße und hier heißt es noch einmal wachsam sein: Kurz nach einem ungewöhnlich schönen ▸ ***Wegkreuz auf der rechten Seite***, dessen Holzdach mit zauberhaften Blumen verziert ist, führt unser weiterer Weg ▸ ***links in den Wald*** hinein. Ein ▸ ***gelbes Schild*** weist hier

Der bunt gemalte Blumenkranz um die Jesus-Figur zieht die Blicke auf sich.

zur ▸ *Holzeralm* und wir folgen ihm in den Schatten der Bäume. Im Frühling empfängt uns ein wahrer Kräuter- und Blumengarten aus Waldmeister, Taubnesseln, Huflattich, Veilchen, und Buschwindröschen. Rund ums Jahr begleiten uns mächtige Ahorne, Buchen, Eschen, Fichten, Tannen, Kiefern und Lärchen.

Hinter dichten Baumreihen versteckt sich ein herrlicher Ausblick.

Der ▸ *Forstweg*, auf dem wir uns jetzt befinden, verläuft einige Meter oberhalb des Waldrandes ▸ *nach Norden*. Wir bleiben ihm und seinem halbwegs ebenen Streckenverlauf treu, bis wir rechts das erste Haus von Finsterwald sehen. Nun steigt ▸ *links steil eine Forststraße* hinauf, die uns schließlich auf den ▸ *Bergrücken* oberhalb einer alten Sprungschanze und eines Wasserhäuschens bringt. Jetzt wenden wir uns ▸ *nach links* und lassen uns von dem ▸ *breiten Waldweg* über den ungekennzeichneten Gipfel des Kaltenbrunner Ecks wieder ▸ *nach Süden* lotsen.

Schließlich haben wir die Weide der ▸ *Hainzenhöhe* erreicht und vom Waldrand ist es nur noch ein Katzensprung zu der traumhaft gelegenen Eiche mit ihrem sagenhaften Blick übers Tegernseer Tal. Firmlinge haben sich hier 2012 mit einer Holzbank unter dem Gipfelkreuz verewigt; daneben macht ein großes Schild auf ein wichtiges Anliegen der Gmunder Gemeinde aufmerksam: Immer mehr Besucher finden den Weg hier hinauf – verhalten sich aber nicht immer angemessen auf dem eigentlich als Viehweide genutzten Wiesengrund. Insbesondere Hundebesitzer sind angehalten, neben Müll und Brotzeitresten auch die Hinterlassenschaften ihrer Vierbeiner einzusammeln und mitzunehmen.

Und wenn sich alle hier ein bisschen in Rücksicht üben, dann kann man dieses Traumplatzerl auch wirklich genießen: im Frühling mit gelb blühendem Löwenzahn, im Sommer gut beschirmt vom Blätterdach der prächtigen Eiche, im Herbst unter fallendem Goldlaub und im Winter inmitten eines glitzernden Eismärchens. Und wer weiß, ob es an dieser aussichtsreichen Stelle nicht schon in früheren Zeiten einen Baum gegeben hat, der als Heiligtum verehrt wurde. Denn Eichen haben eine sehr lange und bedeutsame Kult-Geschichte. Selbst in der Bibel haben sie ihren Platz gefunden und galten bei den Germanen durch ihren kraftvollen Wuchs und ihr Alter von bis zu tausend Jahren als „Fürsten der Wälder“. Römer, Gallier und Kelten verehrten ihre höchsten Götter an diesen Bäumen.

Kein Wunder, dass die christlichen Missionare sogleich mit dem Fällen dieser Bäume begannen. Meist gegen großen Protest, manchmal belohnt mit einer erfolgreichen Heidenbekehrung. Zuweilen ging die christliche Symbolik mit den heidnischen Kultplätzen auch eine Verbindung ein, wie man an verschiedenen Maria-Eich-Wallfahrtsorten in Oberbayern noch heute erkennen kann. Schön also, dass das Gipfelkreuz und die majestätische Eiche gemeinsam an diesem außergewöhnlichen Platz über dem Tegernsee thronen und auf ihre Weise still die Verbundenheit der Religionen predigen ... Während der Weidesaison kann es sein, dass die Wiese nicht betreten werden kann. Dann lädt ein Bankerl am Waldrand zum Verweilen mit weitschweifendem Blick über den Tegernsee ein.

Das letzte Stück Weg führt uns noch einmal durch die angenehme Kühle des ▸ ***Waldes zurück zu der Weggabelung über dem Wasserhäuschen***. Diesmal folgen wir dem Pfad einfach ▸ ***geradeaus weiter nach Norden***, wo er sich steil den Hang hinabwirft und uns wieder zu unserem ▸ ***Parkplatz*** bringt.

Hier lohnt sich ein Besuch vor allem außerhalb der Weidesaison: auf der Hainzenhöhe über dem Tegernsee.

Hainzenhöhe am Tegernsee

1:30 h Gehzeit – 5,3 km Länge – 70 hm

Ausgangspunkt in 83703 Gmund am Tegernsee:

Loipen-Parkplatz hinter dem Tegernseer Hof, Kaltenbrunner Straße 2, Finsterwald

Weg:

Wiesen- und Waldpfade, Kies- und Fußwege, Straßen; überwiegend sonnig, zu jeder Jahreszeit begehbar, außer bei enormem Schnee.
Teilweise beschildert.

Besonderheiten:

- Aussichtsreiche Wiesen
- Hübsche Weiler
- Schattiger Wald
- Aussichtspunkt
- Berg- und Seeblick

Einkehr:

- Gasthof Weidenau in Finsterwald www.gasthof-weidenau.de
- Restaurant im Golfhotel Margarethenhof in Marienstein www.margarethenhof.com/de
- Hofcafé vom Boarhof in Holz www.brotzeit-leben.de
- Gut Kaltenbrunn in Gmund www.feinkost-kaefer.de/gutkaltenbrunn
- Gastronomie Gmund

Zuganfahrt:

Fahrt mit dem Zug zum Finsterwalder Bahnhof. Start von hier aus nach Westen auf der Tölzer Straße bis zum Ausgangspunkt (ca. 10 min).

Variationen:

Verkürzen kann man die Runde auf dem als Rückweg beschriebenen direkten Weg durch den Wald zur Hainzenhöhe. Verlängern lässt sich der Spaziergang über den Ortsteil Holz bis Bad Wiessee oder über Gut Kaltenbrunn zum Seeufer in Gmund, oder in Kombination mit der Kaltenbrunner Runde (siehe S. 149).

Tipps:

- Hofladen Buchberghof (u.a. Tegernseer Wagyu-Rind) www.buchberghof.com
- Badestrand Kaltenbrunn
- Seenschifffahrt www.seenschifffahrt.de/de/tegernsee

Tourist-Info:

Wiesseer Straße 11
83703 Gmund am Tegernsee
Tel.: 08022-927380
E-Mail: gmund@tegernsee.com
www.gmund.de

Gasthof Weidenau
Tölzer Straße
Finsterwald
Am Steinberg
Holzeralmweg
Dürnbach
Kaltenbrunner Straße
neider-
häusl
Hainznhöhe-Weg
Hainzenhöhe
Gut Kaltenbrunn
Max-Obermayr-Weg
Boarhof
Holz
Wiesseer Straße
Tegernsee
N
0
100
200
300 m

Nasreddin Hodscha und der Ertrinkende

ab 6 Jahren

Frei nach einer Geschichte von Helmut Wittmann

An einem schönen Sommertag machte Nasreddin Hodscha einen Spaziergang zum See. Da bemerkte er auf einmal, dass viele Menschen ganz aufgeregt zu einem Steg liefen und hektisch durcheinanderriefen. Als er genauer hinsah, entdeckte er, dass dort ein Mann ins Wasser gefallen war und die Umherstehenden versuchten, ihn zu retten. Doch so sehr sie sich auch bemühten, es gelang ihnen nicht.

Nasreddin Hodscha ging näher heran und hörte ihr Rufen: „Gib uns deine Hand! Jetzt gib uns schon deine Hand!"

Aber der Ertrinkende schlug weiterhin wild um sich und ergriff keine der ihm so hilfreich dargebotenen Hände.

Als Nasreddin Hodscha noch näher herangekommen war, erkannte er, wer da im Wasser zappelte. Er überlegte nicht lange, sondern zwängte sich an den Umherstehenden vorbei, streckte seinen Arm aus und rief: „Hier, nimm meine Hand! Nimm meine Hand!"

Und schon ergriff der Mann im Wasser die Hand von Nasreddin Hodscha. So konnte er schnell auf den Steg gezogen und gerettet werden.

Die anderen Männer aber schüttelten die Köpfe und sagten: „Nasreddin Hodscha, wie hast du das nur gemacht? Wir haben doch auch unsere Hände ausgestreckt und gerufen. Bei uns hat er nicht zugegriffen!"

„Tja", schmunzelte der Hodscha, „ihr wisst doch, dass dies der reichste Mann unserer Gegend ist. Er gibt einfach nicht gern. Und ich, ich hab ihm einfach meine Hand angeboten und gesagt: Da, nimm! – Das war alles."

18

Kaltenbrunner Runde

Von einem Tegernseer Sonnenplatzerl zum nächsten

1:15 h Gehzeit – 4,7 km Länge – 47 hm

Wer gerne auf gut ausgeschilderten Wegen unterwegs ist und zugleich eine hübsche Aussicht auf malerische Plätze genießen möchte, ist bei dieser Runde durch Gmund bestens aufgehoben. Besonders empfiehlt sie sich im Winter, weil man dann dem lebhaften Strom an Tegernsee-Besuchern noch am ehesten entkommt und somit eine Chance auf ein bisserl Ruhe hat. Wer trotzdem den Sommer wählt, um zum Beispiel ein kurzes Bad im See zu nehmen, dem seien die frühen und späten Stunden des Tages empfohlen.

Vom ▸ ***Parkplatz in Gmund*** aus geht es ganz gemütlich ▸ ***nach Westen hinunter zum See***. Thomas Mann und sein Hühnerhund-Mischling Bauschan erwarten uns dort schon in voller Lebensgröße. 1918 verbrachte der Schriftsteller wieder einmal mehrere Wochen am Tegernsee und arbeitete hier an seiner Novelle „Herr und Hund". Seit 2001 erinnert die Skulpturengruppe von Quirin Roth an diesen Besuch und an die beachtlichen Werke des Nobelpreisträgers.

Übrigens steht Thomas Mann hier symbolisch für zahlreiche Schriftsteller, Dichter und Maler, die das Tegernseer Tal gerne besucht und teilweise auch dort gelebt haben. Angefangen bei Karl

Haben stets ihren ganz eigenen Zauber: Stege, die weit in den See hineinragen.

Stieler, Ludwig Thoma und Ludwig Ganghofer über Bert Brecht, Hedwig Courths-Mahler und Heinrich Spoerl bis hin zu Olaf Gulbransson und August Macke.

Von diesem Kunstdenkmal aus lotst uns der frisch erneuerte ▸ ***Mangfallsteg hinüber auf die Nordwest-Seite*** des Sees. Mächtige Eichen und andere Laubbäume säumen den ▸ ***Fußweg, der nach links abzweigt*** und uns entlang des dicht mit Schilf bewachsenen Ufers führt. Nur hier und da gewährt uns ein Steg oder ein lichter Strandabschnitt einen weiten Blick übers Wasser.

Hinter dem Strandbad Kaltenbrunn finden sich auch kleine Badebuchten am See, die, wenn nicht von Sonnenanbetern, dann von kieksenden Blässhühnern bevölkert sind. Die eine oder andere Bank schenkt Gelegenheit zum Innehalten – und zum Studieren der Geschichte der „vollen Tasse“ **Geschichte S. 154**. Vielleicht ist sie ja für manchen eine Anregung, den vielen Gedanken des Tages ein wenig Einhalt zu gebieten und stattdessen seine Sinne für eine entspannte Gegenwärtigkeit und für diese wunderschönen Platzerl am Tegernsee zu öffnen: für die strahlende Sonne … die mäandernden Ufer … die Weite des Tals … die Berge drumherum … und für die Farben!

Denn besondere Algen sorgen dafür, dass das Wasser des Tegernsees oft in den ungewöhnlichsten Schattierungen schimmert. Von Smaragdfarben über Jadegrün bis Karibikblau ist alles dabei. Vor allem aber bleibt der See relativ kalt. 22 Grad Celsius sind im Sommer schon das Allerhöchste der Gefühle und werden nur in flachen Randgebieten erreicht.

Die Beschilderung des Rundwanderwegs Kaltenbrunn würde uns kurz nach dem Strandbad schon hinauf zum gleichnamigen Gut schicken. Doch wer Strand-Charme liebt, der bleibt einfach ▸ ***weiterhin auf dem Fußweg am See***. Dieser führt später ebenfalls ▸ ***hinauf zu der inzwischen hochmodernen Wirtschaft***, die mit einer atemberaubenden Sicht über den See aufwartet. Ein kleiner Kaffee zwischendurch oder auch ein Mittagessen bieten sich hier freilich an.

Bei der viel befahrenen ▶ *Wiesseer Straße* erleichtert östlich von uns eine ▶ *Unterführung* das *Wechseln der Fahrbahnseite*, sodass wir weiter unserem ▶ *Rundweg die Anhöhe hinauf Richtung Finsterwald* folgen können. Etwa auf halber Höhe zweigt ein ▶ *Pfad nach rechts* in die Wiesen ab. Bevor wir hier ein bisserl hinter den Hügeln abtauchen, lohnt sich auf alle Fälle noch einmal ein ausgiebiger Blick über den See und die Berge!

Zwischen Gärten und Viehweiden geht es nun ▶ *nördlich* in ein Wäldchen hinein, ▶ *an den Gleisen entlang*, schließlich flugs ▶ *hinüber* und dann zu Bayerns ältestem Soldatenfriedhof des Zweiten Weltkriegs, der 1950 eingeweiht wurde. Danach biegen wir ▶ *links hinauf zur Tölzer Straße* ab, die wir behänd ▶ *überqueren*, um zur ▶ *Bichlmairstraße* zu kommen. Auf deren Gehweg schlendern wir etwa zehn Minuten an historischen und modernen Häusern vorbei und erreichen die ▶ *Münchner Straße*, die uns laut Beschilderung wieder hinunter zum Ausgangspunkt bringt.

Das Strandbad Kaltenbrunn lädt auch im Winter zum Sonnenbaden ein.

Wer mag, kann aber auch den ▶ *Bernöckerweg rechter Hand* nehmen, eine malerische Aussicht über die Gmunder Dächer in die Berge genießen und schließlich noch einmal die ▶ *Tölzer Straße überqueren*. Der ▶ *Fußgängerweg rechterhand* hilft uns über die Wiesseer Straße ▶ *Richtung Süden* zu kommen, um schließlich durch die kleine ▶ *Unterführung ans Mangfall-Ufer* zu gelangen. Diesem folgen wir ▶ *flussaufwärts* und finden uns alsbald auf dem hölzernen ▶ *Mangfallsteg* wieder, der uns den Weg zu unserem ▶ *Parkplatz* weist – oder aber zu den zahlreichen Einkehrmöglichkeiten in Gmund.

An der Mangfall entlang geht es zurück zum Startpunkt in Gmund.

Kaltenbrunner Runde

1:15 h Gehzeit – 4,7 km Länge – 47 hm

Ausgangspunkt in 83703 Gmund am Tegernsee:

Parkplatz am Volksfestplatz, Fischerweg 2

Weg:

Straßen, Kies- und Fußwege; überwiegend sonnig, zu jeder Jahreszeit begehbar, im Winter besonders empfehlenswert. Durchgängig beschildert mit „Rundwanderweg Kaltenbrunn" (gelb-schwarz).

Besonderheiten:

- Thomas-Mann-Skulpturengruppe
- Mangfallsteg
- Beschauliches Seeufer
- Versteckte Buchten
- Bergblick
- Soldatenfriedhof
- Aussichtspunkte übers Tegernseer Tal

Einkehr:

- Gut Kaltenbrunn www.feinkost-kaefer.de/gutkaltenbrunn
- Konditorei Wagner www.cafe-wagner.de
- Gasthof Herzog Maximilian www.gasthof-maximilian.de
- Gastronomie Gmund

Zuganfahrt:

Fahrt mit dem Zug zum Gmunder Bahnhof, Start von hier aus nach Osten zur Unterführung ans Mangfall-Ufer

Variationen:

Verkürzen kann man die Runde durch Umkehren oder Abzweigen beim Soldatenfriedhof nach Osten zurück an den See (unbeschildert). Verlängern lässt sich die Runde über Gmund nach Osten bzw. Süden oder in Kombination mit der Hainzenhöhe (siehe S. 141).

Tipps:

- Badestrände Kaltenbrunn und Seeglas
- Geschirr, Geschenke, Kaffee bei JB's naturell www.jbsnaturell.de
- Gmund Papierfabrik Shop www.gmund.com
- Geschäfte und Cafés in Gmund
- Seenschifffahrt www.seenschifffahrt.de/de/tegernsee

Tourist-Info:

Wiesseer Straße 11
83703 Gmund am Tegernsee
Tel.: 08022-927380
E-Mail: gmund@tegernsee.com
www.gmund.de

Papierfabrik Shop
Mangfall
Bichlmairstraße
Tölzer Straße
Finsterwald
Oberstöger-weg
Münchner Straße
Soldaten-friedhof
Gmund
Konditorei Wagner
Bahnhof
Gasthof Herzog Maximilian
Wiesseer Straße
Kaltenbrunner Straße
Thomas-Mann-Skulptur
Strandbad Kaltenbrunn
Gut Kaltenbrunn
Tegernsee
Tegernseer Straße
0 100 200 300 m

Die volle Tasse

ab 8 Jahren

Es kam einmal ein Philosoph zu einem alten Zen-Meister, um von ihm zu lernen und Antworten auf seine tiefgründigen Fragen zu finden. Der Meister bat ihn freundlich herein und hörte ihm aufmerksam zu. Eine Frage nach der anderen sprudelte aus dem Philosophen hervor. Er nahm sich kaum Zeit, Luft zu holen. Er redete ohne Unterlass.

Nach einiger Zeit unterbrach ihn der Meister und bot ihm eine Tasse Tee an. Der Philosoph nickte und fragte unbeirrt weiter und weiter und weiter …

Der Meister nahm unterdessen die Kanne und das heiße Wasser, goss seelenruhig den Tee auf und ließ ihn kurz ziehen. Währenddessen redete der Philosoph ununterbrochen. Selbst als der Meister den Tee in die Tasse laufen ließ, redete sein Gast weiter. Die Tasse füllte sich nun immer mehr und schließlich lief der Tee über den Rand hinaus auf die Untertasse und dann auf den Tisch …

„Aber was tun Sie da!“, rief der Philosoph irritiert aus und unterbrach endlich seinen Redeschwall. „Die Tasse ist doch längst mehr als voll!“

„Ja, da hast du recht“, antwortete der Meister mit ruhigen Worten, „und so ist es auch mit dir. Du bist so voller Fragen, wo soll da noch Platz für Antworten sein …“

19

Schliersee-Runde

Von Wilderern, Grafen und einer Prinzessin

1:20 h Gehzeit – 4,8 km Länge – 63 hm

Auf unterschiedlichsten Wegen geht es hier durch das malerische Schliersee und damit auf eine kurzweilige und immer wieder überraschende Reise durch 1.200 Jahre Geschichte. So schlendern wir entlang an See und Berg, Kirche und Theater, Wilderer-Kreuz und Prinzessinnen-Grab.

Startpunkt für unsere Zeitreise ist der ▶ *Bahnhof in Schliersee*, der auf der südlichen Seite zahlreiche Parkplätze zu bieten hat. Von hier aus zieht es uns ▶ *weiter nach Süden zum See*. Ein ▶ *schmaler Fußgängerweg* führt in wenigen Metern hinunter zur ▶ *Vitalwelt* und gleich darauf in den ▶ *Kurpark* mit seinen verschiedenen Attraktionen und Kunstobjekten. Am See angelangt, gehen wir ▶ *links am Ufer entlang* in Richtung Osten, vorbei am Strandcafé des Lauber Beach, und genießen das Schnattern der Enten – und der Besucher, die fröhlich vom Schiffsanleger zurückkehren. Umgeben vom grünblauen See, den Bergen mitsamt der imposanten Brecherspitz und dem wurligen Leben auf der Promenade, das insbesondere an schönen Sommertagen kein Ende zu nehmen scheint!

See, Berge und ein Fischerboot – Schliersee wartet mit einem Postkartenmotiv nach dem anderen auf.

Der ▶ ***Fußweg am See*** zwängt sich nun zwischen den hohen Hecken zweier Gärten hindurch und kommt schließlich am ▶ ***Vorplatz von St. Sixtus*** heraus. An dieser Kirche lohnt sich ein Blick zurück auf die Anfänge des kleinen Ortes. Im Jahr 779 wurde in Schliersee die Gründung eines Klosters verzeichnet, das sich den Regeln der Benediktiner verschrieben hatte und ursprünglich auf dem Klosterbichl zwischen Westenhofen und Hausham angesiedelt war. Im 12. Jahrhundert wurde es nach der Zerstörung durch die Ungarn in den Ort verlegt, an die Stelle, wo heute St. Sixtus so herrschaftlich aufragt. Von 1260 bis 1493 war es dann ein Chorherrenstift, was bedeutete, dass die Geistlichen eigene Höfe besaßen und sich damit selbst ihren Lebensunterhalt sicherten. Später wurde das Stift nach München verlegt und mit der Säkularisation aufgelöst.

Heute dient St. Sixtus – ein prachtvoll gestaltetes Frühwerk von Johann Baptist Zimmermann – als Pfarrkirche. Ein Blick in den lichten Innenraum der Wandpfeilerkirche wie auch in die kleine Informationsbroschüre zu ihrer Entstehung und Ausgestaltung sei wärmstens empfohlen. Auch lohnt sich der Gang bis zum Altarraum, wo sich rechterhand über der Sakristeitür eine kunsthistorische Kostbarkeit von 1494 befindet, eine außergewöhnliche Schutzmantelmadonna von Jan Pollack.

Die Schutzmantelmadonna von 1494 schmückt als außergewöhnliches Kleinod die Kirche St. Sixtus.

Anschließend schlendern wir ▸ ***weiter nach Osten***, quasi durch den Biergarten des Restaurants Hofhaus am See, das einst den Grafen von Waldeck als Wohnhaus gedient hat und der Sage nach durch einen Geheimgang mit St. Sixtus verbunden gewesen sein soll. Doch zur Grafschaft und ihrer Geschichte gleich mehr, wenn wir die nächste Besonderheit passiert haben. Dazu ▸ ***überqueren wir beim Fußgängerüberweg die Seestraße*** und gehen nach ▸ ***rechts weiter***. Direkt nach dem nächsten Hauseck lugt ▸ ***links*** schon ▸ ***das geschichtsträchtige Bauerntheater*** hervor.

Zu seiner Entstehung haben verschiedene Entwicklungen beigetragen: Im Jahr 1803 hatte der spätere bayerische König Max I. Joseph in Schliersee eine Unterkunft für seine Jagdbesuche bauen lassen. Als er nach der Säkularisation die herrschaftlichen Gebäude

Wasmeier in Miniatur: der kleine Bauerngarten im Kurpark lädt ins Freilichtmuseum ein.

Über den Dächern von Schliersee: Vom Weinberg aus hat man die schönsten Ausblicke.

des Klosters Tegernsee erwarb, entdeckte er mehr und mehr die Region der beiden Bergseen für sich und sein Gefolge. Im Laufe des 19. Jahrhunderts strömten auch die Künstler und wohlhabenden Städter in die paradiesischen Gebirgstäler, nicht zuletzt begünstigt durch die Inbetriebnahme des Bahnverkehrs aus München im Jahr 1869. Die Ausflugsgäste begründeten allmählich die Tradition der Sommerfrische und errichteten dort zum Teil ansehnliche Wochenendresidenzen. Und damit ließen auch Orte der Unterhaltung nicht lange auf sich warten. Der Münchner Hofschauspieler Konrad Dreher und der Laienschauspieler Xaver Terofal eröffneten 1892 das von Emanuel von Seidl erbaute Bauerntheater. Mit Sonderzügen kamen die Gäste aus München angefahren, um an den heiteren Volksstücken teilzuhaben. Alsbald gab es auch Gastspielreisen, die das Laientheater durch halb Europa und schließlich sogar bis nach Amerika führten. Ein großartiger Erfolg, der bis heute zur Bekanntheit des illustren Schauspielhauses beiträgt und das Publikum immer noch in die amüsanten Aufführungen lockt.

Gleich vor dem Bauerntheater steht fast das ganze Jahr über eine weitere Schönheit des Ortes: der ▶ ***Maibaum*** mit seinen hundert Jahre alten, bunt gefassten Schildern von Paul Neu. Die farbenfrohen Darstellungen bilden das frühere Leben im Tal ab. Und wer sich gerne an einer detailgetreuen Nachbildung erfreuen möchte, dem sei die entsprechende Miniatur für die Modelleisenbahn von Faller empfohlen, für die der Schlierseer Maibaum Vorbild war.

Für uns geht es jetzt östlich davon wenige Meter die ▶ ***Konrad-Dreher-Straße hinauf***, dann nach dem Hotel Terofal ▶ ***gleich links in die Radspielergasse*** und anschließend noch einmal ▶ ***links den kleinen Pfad am Weinberg*** entlang, dem wir nach einer 180-Grad-Kehre schließlich ▶ ***nach oben*** folgen. Ein Postkartenmotiv mit Blick über St. Sixtus, Ort und See jagt das nächste, bis wir an einer Büste von König Ludwig II. vorbei zum Gipfel des kleinen Hügels mit seinem sagenhaften Ausblick gelangen. Eine viele Jahrhunderte alte Linde lädt sogleich zum Verweilen ein und man kann nur erahnen, was sich zu ihren Wurzeln schon alles ereignet hat – oder wie es der Dichter Karl Stieler (1842–1885) nach dem Besuch auf dem Weinberg einst formuliert hat: „Hier lässt sich wohl ein Stündlein verträumen in heller Morgensonne oder am Abend, ehe der Lichtstrahl von den Bergen flieht."

Verweile Augenblick, du bist so schön!

Auf der östlichen Seite steht ein ungewöhnliches Denkmal, das versucht, ein heikles Thema zu befrieden. Seit vielen Jahrzehnten prangt am Weinberg eine alte Gedenktafel, die an die Mitglieder des Freikorps Oberland erinnert, die 1921 bei einer Schlacht am Annaberg im damaligen Oberschlesien ums Leben gekommen sind. Immer wieder haben in der Vergangenheit rechte Gruppierungen diesen Ort bewusst für Treffen genutzt. Um dem entgegenzuwirken und die Tafel in eine Friedensbotschaft einzufügen, wurde vom Künstler Erwin Wiegerling die halbrunde Mauer mit den Infotafeln des Münchner Instituts für Zeitgeschichte geschaffen.

Hinter den danebenstehenden mächtigen Kastanien, die ihre Äste schützend über die aussichtsreichen Bänke breiten, liegt die ▸ ***Weinbergkapelle St. Georg***. An der Westseite kann man rund um die Uhr durch ein kleines Fenster hineinsehen und die filigrane Altarfigur des Namenspatrons bewundern. Der Überlieferung nach ließ Georg von Waldeck die Kapelle im 14. Jahrhundert erbauen, nachdem er aus türkischer Gefangenschaft befreit worden war. Die Grafschaft Hohenwaldeck-Maxlrain übte rund tausend Jahre lang die weltliche Herrschaft zu beiden Seiten der Schlierach aus. Fünf Burgställe, also einstige Burgen, von denen heute jedoch kaum etwas oder gar nichts mehr zu sehen ist, werden ihnen zugeschrieben: auf dem Weinberg, auf der Hochburg, am Waxenstein, auf der Halbinsel Freudenberg und hoch über dem Südostufer des Sees die Burgruine Hohenwaldeck.

Bevor wir uns zur nicht weit entfernt gelegenen Hochburg, unserem nächsten Ziel, aufmachen, sei an dieser Stelle noch kurz angemerkt, dass der Weinberg nicht umsonst seinen Namen trägt. Damit sind aber nicht die wenigen Rebenreihen gemeint, die auch heute noch den Südhang schmücken. Vielmehr

Neben heiteren Vorstellungen hat das Bauerntheater eine großartige Erfolgsgeschichte zu bieten.

wurde vor dem Dreißigjährigen Krieg und einer zu dieser Zeit stattfindenden kleinen Kaltzeit tatsächlich in Oberbayern Wein angebaut. Der heilige Sixtus, dem wir schon auf unserer Tour begegnet sind, ist übrigens auch für das Gedeihen der Trauben zuständig. Inwieweit der hier gekelterte Wein auch Prädikatsqualität hatte, lässt sich wohl leider nicht mehr herausfinden.

Auf der ▶ ***Nordostseite*** des Weinbergs geht es nun den kleinen Pfad und ein paar Stufen hinunter zur ▶ ***Hans-Miederer-Straße***, der wir nach ▶ ***rechts den Berg hinauf*** folgen. Nach wenigen Minuten zweigt ▶ ***links, gut ausgeschildert ein kleiner Waldpfad*** hinauf zur Hochburg ab. Wir folgen ihm durch die Bäume, biegen dann einmal ▶ ***links ab*** und stehen sogleich auf dem ehemaligen Platz der herrschaftlichen ▶ ***Hochburg*** der Grafen von

Klein, aber fein: das Heimat-Museum mit seiner alten Rauchkuchl und Ausstellungsstücken von original bis originell

Waldeck. An ihrer Stelle befindet sich heute ein Denkmal zu Ehren des Künstlers Karl Haider (1846–1912), eines Porträt- und Landschaftsmalers, der in seinen letzten Lebensjahren sehr mit Schliersee verbunden war und dort begraben liegt. Auch er hat die Aussicht von der Hochburg sehr genossen. Für uns bietet sich nun die Gelegenheit, hier zu verweilen, die kleine Geschichte vom Reisenden im Kloster zu lesen und uns von ihr inspirieren zu lassen **Geschichte S. 168**.

Ein keltisches Grabkreuz erinnert an Sophia von Hannover, die Schwester von Prinz Philip.

Die weitere Strecke führt erst einmal auf dem ▸ ***gleichen Weg hinunter*** wieder zum Weinberg. Wir bleiben auf der ▸ ***Hans-Miederer-Straße***, können links an der ▸ ***Weinberggrotte*** innehalten und dann rechts das ▸ ***alte Rathaus*** bewundern. Es wurde im Jahr 1477 als erstes gemauertes Haus vom Dekan des Klosters Schliersee errichtet und hatte eine wechselvolle Geschichte, bis es 1920 von der Marktgemeinde erworben und zu einem stattlichen Rathaus umgebaut wurde. Besonders beeindruckend sind der Eingangsbereich mit offenem Kamin und der historische Sitzungssaal im Obergeschoss.

Schlierseer Weißherbst: Früher gab es hier Weinbau, inzwischen trägt der Tourismus mehr Früchte.

Unten an der ▸ ***Seestraße*** nehmen wir wieder den ▸ ***Fußgängerüberweg*** auf die andere Straßenseite und folgen rechterhand kurz dem Bürgersteig am Friedhof entlang Richtung ▸ ***Lautererstraße***, in die wir ▸ ***links einbiegen***. Hier geht es am sehenswerten ▸ ***Heimatmuseum*** vorbei, dann auf einem ▸ ***Fußweg geradeaus weiter*** hinüber zum Bahnhof, kurz auf der ▸ ***Werner-Bochmann-Straße nach links*** und schließlich ▸ ***rechts in die Gartenstraße***. Auf ihr bleiben wir, bis sie einen scharfen Knick nach links macht. Dort biegen wir ▸ ***scheinbar auf ein Privatgrundstück nach rechts ab***. Wer jedoch genau hinsieht, entdeckt den ▸ ***kleinen öffentlichen Fußweg***, der an den Garagen der Hausnummer 22 entlangführt und uns zur ▸ ***Glückaufstraße*** bringt, eine kleine Reminiszenz an den Bergbau der Jahre 1860 bis 1966 in Hausham. Am Ende dieser Straße mit ihren schmucken Gärten warten die ▸ ***Perfallstraße*** und die Schlierach, der Abfluss des Schliersees, auf uns. ▸ ***Rechts*** geht es durch eine kleine Unterführung zu unserem letzten Ziel, dem ▸ ***Friedhof von St. Martin in Westenhofen***.

Ebenfalls auf dem Westenhofener Friedhof findet sich das Grabmal des legendären Wilderers Georg Jennerwein.

Hier ist nicht nur der Blick in die frühere Pfarrkirche von Schliersee empfehlenswert, sondern auch der Besuch von gleich ▸ ***zwei bedeutenden Grabmälern***, die unterschiedlicher nicht sein könnten. Zum einen fand hier einer der wohl umstrittensten Männer des Tals seine letzte Ruhestätte. Wobei „Ruhe" im Fall von ▸ ***Georg Jennerwein*** nicht wortwörtlich zu verstehen ist. Schließlich gehört er zu den bekanntesten Wilderern in Deutschland und wird bis heute als Legende verehrt. Das hat vor allem etwas mit seinem Tod zu tun, denn Jennerwein wurde 1877 auf dem Peißenberg hinterrücks erschossen, was die Volksseele damals – und teilweise bis heute – er-

Zahlreiche Denkmäler, Skulpturen und Brunnen schmücken die Wege in Schliersee.

regt. Unter großer Anteilnahme der Dorfbevölkerung hatte man ihn damals in Westenhofen beerdigt, ihm sogar ein eigenes Lied gewidmet. Der Mord wurde dem Forstgehilfen Johann Josef Pföderl zugeschrieben, der allerdings nie ein Geständnis abgelegt hat. Das eiserne Grabkreuz steht zwar nicht mehr an seinem ursprünglichen Platz, da es angeblich einst bei der Erweiterung des Friedhofs versetzt wurde, doch finden sich bis heute als Ehrerbietung Patronenhülsen in seinem Weihwasserkessel und an manchen Tagen reisen die Verehrer sogar mit Bussen an. Mittlerweile trägt die dort angebrachte Tafel wieder die ursprüngliche Bezeichnung „Wildschütz", nachdem hier jahrelang der eher schmähende Titel „Wilderer" zu lesen war. Nun, um die Gedenkstätte vom „Girgl" wird es wohl auch weiterhin unruhig bleiben.

Ganz anders die Geschichte der zweiten prominenten Person auf dem Westenhofener Friedhof. Etwas südöstlich vom Grabkreuz Jennerweins befindet sich die Ruhestätte von ▸ ***Sophia Prinzessin von Hannover*** und ihres Gatten Georg Wilhelm. Beide hatten ein bescheidenes, eher unauffälliges Leben in Neuhaus geführt und wurden nach ihrem Tod 2001 und 2006 hier begraben. Ob das keltische Grabkreuz tatsächlich von ihrem inzwischen ebenfalls verstorbenen Bruder Prinz Philip, Duke von Edinburgh und Ehemann von Queen Elisabeth II., stammt, da gehen die Erzählungen etwas auseinander. In jedem Fall ist das Grab auf dem sonst traditionell alpenländisch gestalteten Friedhof aufgrund seines außergewöhnlichen Steinkreuzes schnell zu finden.

Für uns ist es nun Zeit, den Schlussschlenker zurück zum See zu machen. Dazu geht es erst einmal ▸ ***wieder den gleichen Weg zurück***, dann die ▸ ***Schlierach weiter Richtung See, über die Brücke an den Sportplätzen entlang*** und beim Blick auf den Freudenberg und seinen ehemaligen Waldecker Burgstall ▸ ***wieder links über ein schmales Brückerl zum Kurweg***. Dieser bringt uns in wenigen Minuten ▸ ***zurück zum See*** mit seiner Vielzahl an gastronomischen Gelegenheiten und Freizeitmöglichkeiten. Hier lässt sich diese kleine Tour auf unterschiedlichste Weise mit Bootsfahrt, Baden oder Schmausen aufs Herrlichste erweitern und abrunden.

Schliersee-Runde

1:20 h Gehzeit – 4,8 km Länge – 63 hm

Ausgangspunkt in 83727 Schliersee:

Parkplatz südlich vom Bahnhof

Weg:

Straßen, Kieswege, Pfade; sonnig, auch bei Regen und im Winter begehbar (bei Schnee und Matsch Weinberg und Hochburg weglassen).

Besonderheiten:

- Seepromenade mit Kurpark
- Herrliche Aussichtspunkte
- Pfarrkirche St. Sixtus
- Weinbergkapelle St. Georg
- Filialkirche St. Martin
- Grab des Wilderers Georg Jennerwein
- Grab von Sophia Prinzessin von Hannover

Einkehr:

- Gastronomie Schliersee

Zuganfahrt:

Zug bis Bahnhof Schliersee, Start von hier aus.

Variationen:

Verkürzt werden kann die Runde, indem man die Hochburg oder den Besuch des Friedhofs von St. Martin weglässt. Erweitert werden kann die Runde über den Schliersberg (Nordosten) oder auf der Westseite des Sees nach Süden oder auch mit dem Rundweg um den ganzen See. Weitere Spaziergänge samt Infos zur Ortsgeschichte gibt es in der App „Sehenswertes Schliersee“ (siehe Tipps).

Tipps:

- Kostenlose App „Sehenswertes Schliersee“ mit Infos zu Geschichte, Kultur und Natur
- Strandbad Schliersee www.strandbad-schliersee.de
- Seenschifffahrt / Bootsverleih www.schlierseeschifffahrt.de
- Abenteuerspielplatz neben dem Schiffsanleger
- Schlierseer Bauerntheater www.schlierseer-bauerntheater.de
- Heimatmuseum www.schliersee.de/sommer/kultur-lebensart/museen/
- Schliersbergbahn www.schliersbergalm.de

Tourist-Info:

Perfallstraße 4
83727 Schliersee
Tel.: 08026-60650
E-Mail: tourismus@schliersee.de
www.schliersee.de

Westenhofen
St. Martin
Wilderer-Grab Jennerwein
Prinzessinnen-Grab Sophia von Hannover
Schlierach
Glückaufstraße
Gartenstraße
Miesbacher Straße
Bahnhof
Schliersee
Hochburg
Heimatmuseum
Monte Mare in der Vitalwelt
Kurpark
Spielplatz
Lautererstraße
Weinbergkapelle St. Georg
St. Sixtus
Maibaum
Bauerntheater
Bootsverleih
Seestraße
Freudenberg
Schliersee
0 50 100 150 m

Der Reisende im Kloster

Einst kam ein Reisender zu einem Kloster und bat um Obdach für eine Nacht. Die Mönche nahmen ihn sehr freundlich auf und boten ihm eine Zelle als Unterkunft an. Als der Mann das karge Zimmer betrat, stutzte er. Nur ein Bett, ein Tisch und ein kleiner Schrank waren darin zu finden.

„Gestattet mir die Frage", wandte sich der Reisende an den Mönch, der ihn begleitete, „ist das hier alles? Haben Sie gar keine Möbel, Bilder oder Teppiche?"

Der Mönch sah ihn kurz schweigend an und fragte dann: „Nun, Sie haben ja auch nur einen Koffer dabei. Wo sind denn Ihre Möbel, Ihr Hab und Gut?"

„Nun ja", antwortete der Reisende etwas irritiert. „Ich bin ja nur auf der Durchreise!"

„Sehen Sie", gab der Mönch schmunzelnd zurück, „das sind wir auch."

Morgenwonne

Ich bin so knallvergnügt erwacht.
Ich klatsche meine Hüften.
Das Wasser lockt. Die Seife lacht.
Es dürstet mich nach Lüften.

Ein schmuckes Laken macht einen Knicks
Und gratuliert mir zum Baden.
Zwei schwarze Schuhe in blankem Wichs
Betiteln mich »Euer Gnaden«.

Aus meiner tiefsten Seele zieht
Mit Nasenflügelbeben
Ein ungeheurer Appetit
Nach Frühstück und nach Leben.

Joachim Ringelnatz (1883–1934)

20

Wörnsmühler Drachenthal-Runde

Ungeheure Wälder und himmlische Weite

2:00 h Gehzeit – 7,4 km Länge – 111 hm

Licht und Schatten, verwunschener Wald und weitläufige Wiesen finden in dieser Runde wunderbar zusammen. Zwei gegensätzliche Wegstrecken vereinen sich zu einem Spaziergang, der das ganze Jahr über anregende Abwechslung bietet. Für manchen mag sich dabei die inspirierende Frage nach den Gegensätzen im Leben stellen, nach Glück und Leid, nach Himmel oder Hölle, so wie es in unserer nachfolgenden Geschichte vorkommt..

In der ersten Hälfte dieser Tour verschlingt uns das wildromantische Dunkel des Leitzacher Drachenthals und gibt uns erst bei Achau wieder in gleißendes Sonnenlicht frei. Von hier aus führt der meist unbeschilderte, aber leicht zu erkennende Weg durch luftige Weite und an stattlichen landwirtschaftlichen Anwesen vorbei wieder Richtung Norden zurück zum Startpunkt.

Dieser liegt direkt an der ▸ ***Leitzachbrücke im kleinen Ort Wörnsmühl*** und hält leider nur wenige Parkplätze bereit. Drum heißt es für diese Tour: Früh dran sein! Falls die wenigen Plätze schon gefüllt sind, empfiehlt es sich, für diesen Tag eine andere Route zu wählen,

Auf geht's ins Drachenthal bei Wörnsmühl!

zum Beispiel einen Teil des Premiumwanderwegs im südlich gelegenen Fischbachau.

Von der Leitzachbrücke aus führt uns die ▸ *Drachenthal-Straße nach Süden*. Dabei geht es an den Anwesen der über 200 Jahre alten Lippmühle wie auch an den ebenso historischen wie schlichten Bauernhäusern von Drachenthal vorbei. Nach etwa einer Viertelstunde und direkt nach einer Brücke über den Fluss macht die Teerstraße eine scharfe Kehre nach rechts; wir aber wählen den ▸ *Forstweg weiter geradeaus an der Leitzach* entlang.

Ab hier fließt das smaragdgrüne Wasser in sanften Wellen links an uns vorbei. Auch bei Schmuddelwetter ist die Forststraße gut begehbar und windet sich munter am steinigen Flussbett entlang. Mal schattig beschirmt von fichtenen Baumriesen, mal sonnenbeschienen neben kleinen Lichtungen inmitten des Waldes.

Wald und kleine Lichtungen bestimmen den ersten Teil der Tour.

Vergnügt spazieren wir gut drei Kilometer, bis uns nach nicht einmal einer Stunde schon der kleine Sonnenweiler ▸ *Achau* in Empfang nimmt. In den Sommermonaten wartet hier an Sonntagen ein besonderer Genuss: das ▸ *Hofcafé Beim Melchern*. Mit Selbstgemachtem auf grob gehauenen Bierbänken lässt es sich herrlich rasten. Im Süden den Breitenstein, im Osten den Schwarzenberg, gegenüber den Rohnberg und die sanften Hügel des Auerbergs im Blick.

Eine gute Gelegenheit, die kleine Geschichte über „Himmel und Hölle" zu lesen, die ursprünglich aus einem Buch von Alan Cohen stammt, das witzigerweise den Namen trägt „Es gibt hier keinen Drachen mehr" ✧ **Geschichte S. 174**.

Vom ▶ ***nördlichen Eck des Hofcafés*** aus beginnt danach der sonnengeflutete Rückweg über die Wiesen und Felder des auf dem östlich des Tals gelegenen Plateaus. Dazu gehen wir an der Straße entlang, erst Richtung Nordost, dann links abbiegend nach Nordwest. Kurz fordert uns ein ▶ ***kleiner Anstieg*** dann führt uns die ▶ ***Straße wieder eben nach Norden weiter***. An einem ▶ ***Wegkreuz*** neben einer jungen Linde biegen wir ▶ ***links nach Brunnfeld*** ab und folgen dort links um das Anwesen herum ▶ ***dem Weg nach Nord-Nordwest***.

Besonders im Sommer bietet die grün schimmernde Leitzach erfrischende Kühle.

Ein schmuckes Bauerngehöft nach dem anderen krönt hier die hügeligen Wiesen. Manchmal mit kleiner Hofkapelle oder im Sommer mit farbenfrohem Bauerngarten. Dazwischen Kühe, Pferde, Katzen, Hühner ... Schönstes oberbayerisches Landleben – und drumherum die herrliche Aussicht ins Leitzachtal und auf die Berge dahinter.

Zahlreiche Bänke und Platzerl laden zum Verweilen ein, bevor sich unser ▶ ***Weg nach dem Weiler Schreiern*** zum Abschluss noch einmal ▶ ***in den Wald hinunterschwingt***. Mit den ersten Häusern von Wörnsmühl entdecken wir auch schon ▶ ***linkerhand unseren Startpunkt***, den wir am Ende des Forstwegs über die Dorfstraße nach links erreichen. Und wer sich noch weiter nach links wendet, der erreicht das originelle Naturfreibad von Wörnsmühl, ein kleines Schwimmbecken, das von eiskalten Hangquellen gespeist wird. Erfrischender kann man diese kleine Runde im Sommer nicht abschließen!

Über weitläufige Wiesen und vorbei an alten Bauernhöfen zieht der zweite Teil seine Runde.

Wörnsmühler Drachenthal-Runde

2:00 h Gehzeit – 7,4 km Länge – 111 hm

Ausgangspunkt in 83730 Fischbachau:

Wanderparkplatz Drachenthal an der Leitzachbrücke, Dorfstraße 4a in Wörnsmühl

Weg:

Forstweg, Pfad und Straße; erst schattig, dann sonnig, Regen und Winter tauglich. Überwiegend beschildert und leicht zu finden.

Besonderheiten:

- Leitzachufer
- Wildromantischer Wald
- Sonnengeflutete Wiesen
- Alte Bauernhöfe
- Panoramasicht ins Leitzachtal

Einkehr:

- Beim Melchern www.beim-melchern.de
- Wirtshaus zum Zenzinger www.zum-zenzinger.de
- Gasthaus Nägele Dorfstraße 16, Wörnsmühl Tel.: 08025-6918
- Gastronomie Wörnsmühl und Gemeinde Fischbachau

Zuganfahrt:

Zug nach Miesbach, Bus 9552 Richtung Neuhaus, Ausstieg „Wörnsmühl"

Variationen:

Verkürzen kann man die Runde über Egart und Brunnfeld. Verlängern kann man sie über zahlreiche Wege südlich ins Leitzachtal oder auf den Schwarzenberg im Osten oder die bewaldeten Hügel im Westen. Übrigens führt vom Naturfreibad ein hübscher kleiner Pfad am Waldrand entlang zum Parkplatz.

Tipps:

- Naturfreibad Wörnsmühl www.fischbachau.de/a-freibad-woernsmuehl-1
- Verkauf Biohof Unterstadl, Haushamer Straße 5 Tel.: 08025-9954578
- Töpferei Marlies Leitner Achau 2a, 83730 Fischbachau Tel.: 08028-1573 (Samstagvormittag geöffnet)
- Wochenmarkt Hundham, Rathausplatz (mittwochs 9 – 12 Uhr)

Tourist-Info:

Kirchplatz 10
83730 Fischbachau
Tel.: 08028-876
E-Mail: info@fischbachau.de
www.fischbachau.de

Wörnsmühl
Zum Zenzinger
Miesbacher Straße
Gasthaus Nägele
Natur-freibad
Drachenthal
Schreiern
Egart
Grabenau
Brunnfeld
Leitzach
Achau
Töpferei
Beim Melchern
0 100 200 300 m

Himmel und Hölle

ab 8 Jahren

Nach einer alten östlichen Geschichte, gefunden bei Alan Cohen in seinem Buch „Es gibt hier keinen Drachen mehr“

Es lebte einst ein Samurai, der für seine Kampfkunst weithin bekannt war. Eines Tages kam er zu einem ebenso angesehenen Zen-Mönch und forderte ihn auf, ihm zu erklären, ob es Himmel und Hölle wirklich gäbe. Da sah ihn der Weise kurz an und sprach dann herablassend: „Was? So ein nichtssagender, unbedeutender Mann wie du wagt es, mir diese Frage zu stellen? Du kannst nicht einmal die einfachsten Dinge begreifen und willst meine Weisheit erfahren? Sieh dich doch an, wie unfähig und dumm du bist! Du bist eine Schande für die Klasse der Samurais. Warum sollte ich meine Zeit mit dir vergeuden?“

Mit diesen Worten wandte sich der Mönch von dem Fragenden ab. Der Samurai aber geriet darüber so in Wut, dass er aufsprang und sein Schwert zog, um dem Lehrer auf der Stelle den Kopf abzuschlagen.

In genau jenem Moment drehte sich der Zen-Meister jedoch um und sagte sanft zu dem hasserfüllten Samurai: „Dies, mein Herr, ist die Hölle.“

Der Krieger erstarrte und begriff, dass er sich gerade durch Selbstzweifel, Wut und Rachegefühle seine eigene Hölle erschaffen hatte. Als er dies erkannte, ließ er sein Schwert sinken und sah in die freundlichen Augen des mutigen Mönchs. Auf einmal war er erfüllt von Dankbarkeit für diese Einsicht, von Demut und plötzlichem Frieden und warf sich vor ihm nieder.

„Und dies, mein Herr, dies ist der Himmel“, bemerkte der Weise leise darauf.

Spaziergänge für alle Sinne

Aussichtsreiche Sonntagsspaziergänge für alle Jahreszeiten
18 Ausflüge ins südliche Oberbayern
ISBN 978-3-86222-506-4

Klappenbroschur, mit Kartenmaterial
und farbiger Bebilderung